小白去露营

Camping Book for Beginners

［日］小石有华 著　　张瑢 译

南海出版公司

2024 · 海口

前言

大家好！初次见面，我是小白。
我的职业有些不同寻常，我既是插画家，也是露营顾问。
我本来不是『户外派』，而是忠实的『宅家一族』，喜欢看漫画、玩游戏。
哈哈哈
机缘巧合，我爱上了露营，并一入『坑』就是十多年。
边上班边研究帐篷。
上司
……
我还是为数不多的『女性露营』宣传大使，鼓励女性大胆享受一个人的露营时光。
出发！去找伙伴！
女性露营
杂志
××露营
广播
杂志
电视节目
演讲
TV
我还受邀参加了各种活动。（真是意想不到。哈哈……）
还研发了单人帐篷

后来，我成为单人露营的讲师。
人生啊，一切皆有可能……
整齐
老师——
讲课过程中，我发现……
老师！
要怎么熄灭篝火？
去哪里露营比较好？遇到野兽怎么办？
嗯……
选购装备要从哪里入手？
帐篷用完要洗吗？
学生们的问题比想象中更加实际！
确实，这些琐碎的小事，新手真的一窍不通。
问卷调查
灵光一闪
啊！那画成漫画怎么样？
所以这本漫画就诞生啦！

第1章

露营前
准备篇

第2章

出发，去露营！
实践篇

第3章

到家才算露营结束
收纳·维护篇

第1章

露营前 准备篇

与露营相遇

公司
要不要一起去露营呀？
露营装备我都买好了！
公司的前辈
咦？
露营吗？好呀！
虽然从没去过……
时年二十岁的我
同事的邀请，让我与露营邂逅了。
好期待明天的露营啊。
期待 兴奋
得准备一下……
嗯？
要准备什么呢？
唔——
穿什么去比较好？
我好像只有和行李箱一样的大包……
前辈说会准备装备……
要带枕头吗？
手忙脚乱
哇——
瞬间十分慌张。

说起来，我感觉露营应该是家人一起去的活动吧？
（十年前的印象）
我也不年轻了……
快奔三十的人了，不会被别人嫌弃吧？
原来是新手啊……
呵呵！
想象
唔
当天
喂
来帮忙
呆
被吓蒙了。
天哪！露营好可怕
年轻情侣
感觉像新手
嗯……
让人觉得
嗯……
不得了……
老夫妻
看上去是露营高手
哇，还有精致又优雅的美女！
优雅
害羞
您，您好。

我可以到帐篷里参观一下吗？
不好意思
太好奇了，身体比脑子先动起来了。
嗯！
哈哈哈，当然可以！
齐全
厨房装备！
当当——
野外露营，还铺了床！
装备太齐全了，也太棒了吧！
好厉害——
这……这是度假别墅吗？
这才是露营！

天黑之后
第一次亲手点篝火！
噼噼
啪啪
……
开心到不知道说什么好。
听说今天有流星雨！
快看天空！
啥？
流星雨？
咦？
……
?!
咻！
咻！
咻！
哇！这是真的吗！

第一次看到流星啊！
露……露营也太棒了吧！
这也太美了！
比在天文馆的天象仪里看到的好看100倍！
太棒了！
我……我之后也想去露营！
得快点安排起来。
可以啊。
每次露营绝对都会超开心（确信）！
然而，第二天。
终于打包好了……
呼——
满当当
要带的行李也太多了！
这么多的装备，没钱买，没力气搬，也没地方放，更没车可以拉！
露营计划受阻……
好累……

本来已经打算放弃了。
还有这样的装备呢。
噢……
杂志
白天黑夜，满脑子都是露营。
好想去露营……
工作中
有一天突然发现……
原来背上背包就可以去露营！
帐篷、睡袋、折叠椅，麻雀虽小，五脏俱全。
这样的话，我自己也可以去露营吧！
那之后，我上网找了很久适合的装备……
还在社交软件上各种提问。
唉……好贵啊……
那段时间，每天都在研究帐篷。
果然还是想买那一款。

不管做什么，脑子里都会冒出露营。
插画教室
大家在看画的时候
小白老师……
……
在看帐篷
几个月后
终于买齐了！
泪目
太漫长了……
帐篷价格高得离谱，咬咬牙终于买了……
钱包慢慢变瘪了……
感觉买了很多，也不知道还缺不缺东西……
这么痴迷一件事，还是头一回。
老爸的房间比较空，可以把装备都摆开。

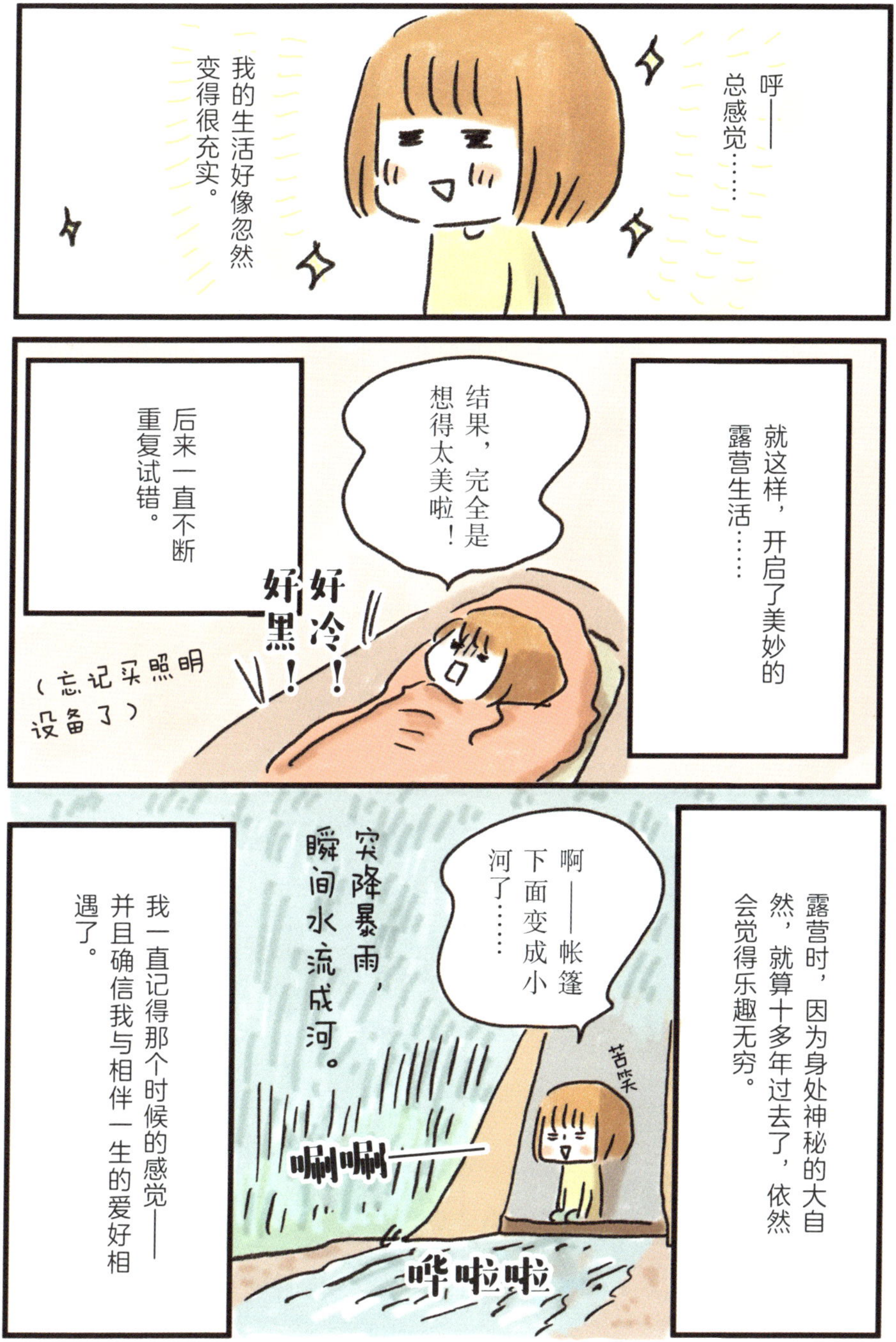
呼——总感觉……
我的生活好像忽然变得很充实。
就这样，开启了美妙的露营生活……
结果，完全是想得太美啦！
好冷！
好黑！
后来一直不断重复试错。
（忘记买照明设备了）
露营时，因为身处神秘的大自然，就算十多年过去了，依然会觉得乐趣无穷。
啊——帐篷下面变成小河了……
苦笑
突降暴雨，瞬间水流成河。
唰唰——
哗啦啦
我一直记得那个时候的感觉——并且确信我与相伴一生的爱好相遇了。

准备基础装备

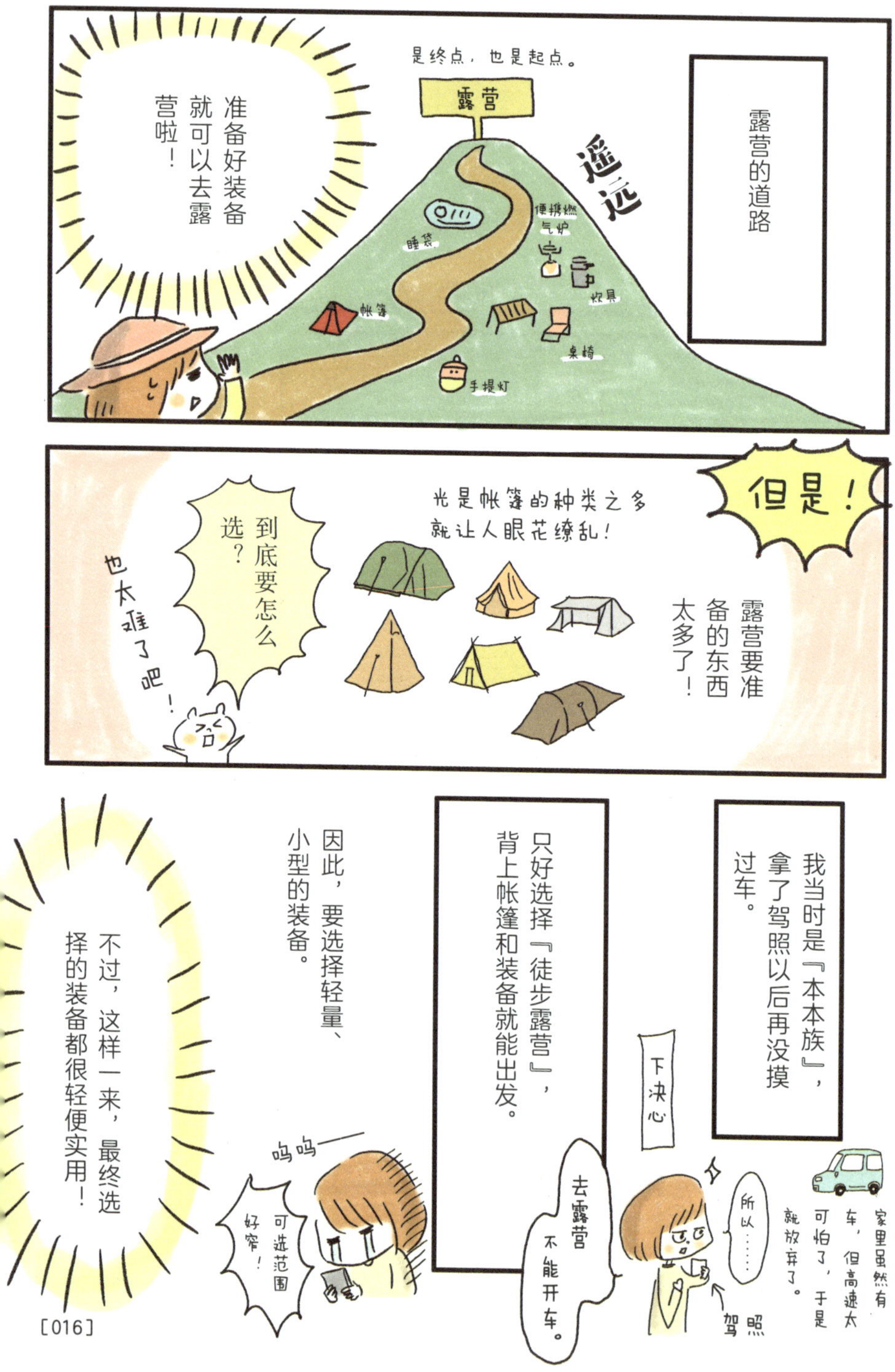

露营的道路
是终点，也是起点。
露营
遥远
便携燃气炉
睡袋
炊具
帐篷
桌椅
手提灯
准备好装备就可以去露营啦！
但是！
露营要准备的东西太多了！
光是帐篷的种类之多就让人眼花缭乱！
到底要怎么选？
也太难了吧！
我当时是『本本族』，拿了驾照以后再没摸过车。
家里虽然有车，但高速太可怕了，于是就放弃了。
所以……
驾照
下决心
去露营不能开车。
只好选择『徒步露营』，背上帐篷和装备就能出发。
因此，要选择轻量、小型的装备。
可选范围好窄！
呜呜——
不过，这样一来，最终选择的装备都很轻便实用！

选择露营装备的标准
那就是……
露营的风格！
先想一想心目中的完美露营，再做选择。
躺吊床，懒洋洋。
首先要想一想露营的『地点』和『季节』。
比如
高原·初夏
日落后，不同于城市的混凝土森林，这里昼夜温差大，需要防寒服。
海边·沙滩
需要防晒的天幕帐篷，BBQ 比篝火更棒！
森林·秋天
天干物燥，必备篝火阻燃垫，防止火苗蔓延。
另外，我是秋冬季节爱上露营的，冬季防寒服虽然有点贵，不过更实用。
嗯，在体温下降前，
穿上！
已经穿这么厚了吗！
入手了羽绒睡袋！
接下来是重点！

※BBQ，barbecue 的缩写，烧烤、野外烧烤之意。

你更爱哪一种？

露营种类的简要介绍

根据是否自驾以及车内空间的大小，来选择不同的露营装备！

① 徒步露营

没车也可以去露营！

便携式保温包、保温袋

选择装备时，重点是轻便、便携、实用。

② 极简露营

适合车内空间较小、骑摩托或是不想携带太多装备的人。可以不用太在意重量，但需选择小型、易收纳的装备。

自驾露营的风格也多种多样！

③ 悠然轻奢露营

露营，就只想悠闲享受，营造度假般的奢华体验！

轻奢露营的装备成本较高，而且需要一定的行李装车技巧，适合中级露营爱好者。露营新手建议先购买基础的自驾露营套装，再慢慢购置补齐！

④ 房车生活＋露营

车内过夜，车外露营。收拾起来也很轻松，适合新手。

⑤ 节约型露营

节约一族最佳选择！直接用家中现成的物品、活用或改造十元店商品。

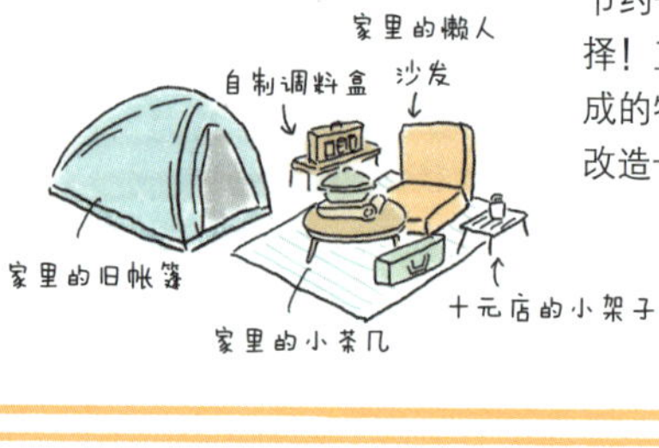
家里的懒人
自制调料盒
沙发
家里的旧帐篷
十元店的小架子
家里的小茶几

购物时的注意点

刚开始时，在网上看到中意的装备，
哇，感觉躺在上面会很舒服的地垫。
火速付款！
光速
就会立马下单！
几天后
叮咚
啊，是快递呀！
咦——
巨大
地垫
好，好大——
遭遇『滑铁卢』，误判了尺寸！
比起网购，新手最好到实体店看看实物、咨询店员之后再购买！
露营装备，买小了没事，买大了用不了！
“滑铁卢”的结果
从下一页开始，为大家介绍装备的种类以及选购要点！

帐篷

tent

选购要点

自立型 or 非自立型

帐篷大致分两类，一类是能通过帐杆自立的“自立型帐篷”；另一类则是通过地钉固定在地上，用防风绳牵拉的“非自立型帐篷”。

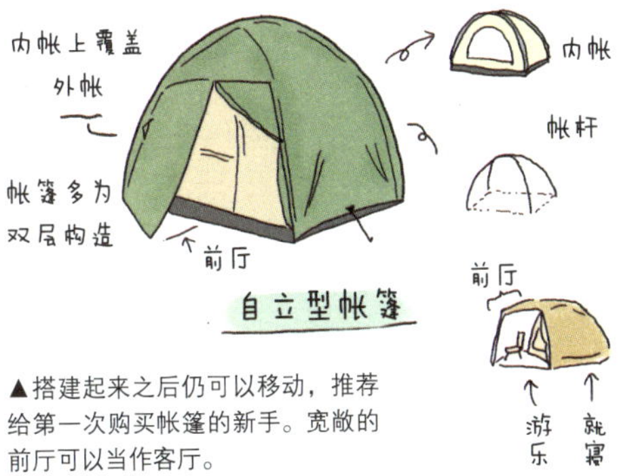
内帐上覆盖
外帐
帐篷多为
双层构造
前厅
内帐
帐杆
自立型帐篷
前厅
游乐
就寝

▲搭建起来之后仍可以移动，推荐给第一次购买帐篷的新手。宽敞的前厅可以当作客厅。

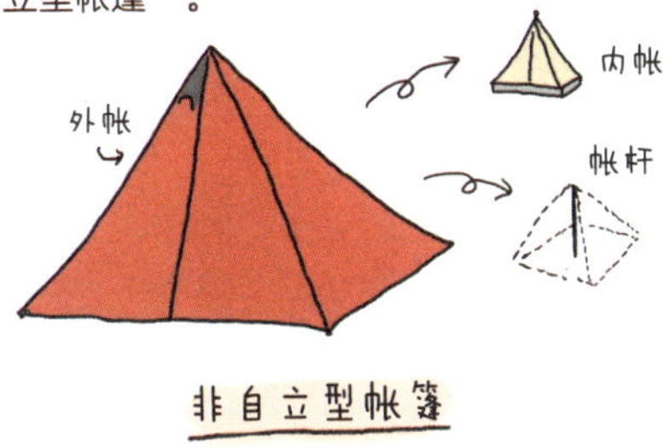
外帐
内帐
帐杆
非自立型帐篷

▲在地面敲入地钉进行搭建。优点是轻量、便携。

搭建难度

帐篷越高，搭建难度越大；重量越大，搭建难度也越大。反之，帐杆数量越少，搭建起来越轻松。

巨大……
帐篷
当当

重量

徒步露营最好选择重量在2kg以下的帐篷。

材料

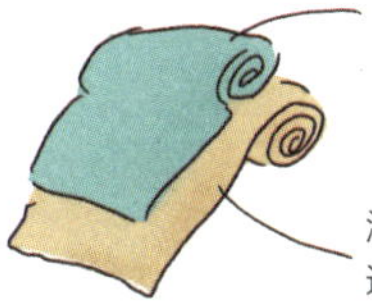

主流的帐篷材料为涤纶或尼龙，部分产品还兼具轻量和遮光性强的优点。

涤棉混纺，较为厚重，遮光性强，质地柔软，让人感到舒适又安心。

前厅面积

如果说帐篷里面是卧室，那么前厅就相当于客厅区域了（参见下一页）。两室结构的帐篷前厅更宽敞。

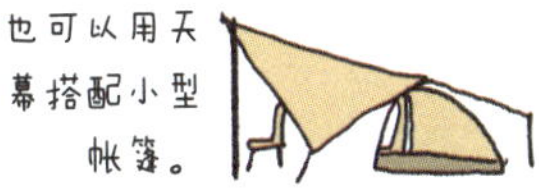
也可以用天
幕搭配小型
帐篷。

价格

虽然有花费两位数就能买到的帐篷，但是遇到风雨就原形毕露，所以还是不要贪便宜。

防水指数

耐水压 1500mm 以上的就可以了。

厚度

用 D 来表示。标准外帐一般为 70 ~ 80D，内帐为 150 ~ 250D。也有 15D 的超轻量级材料。

*注：帐篷的防水指数，即耐水压，是指帐篷面料单位面积上承受的静水压强。

*注：D 指 denier（旦尼尔），是纤度单位，用于表示面料中纤维的粗细。数字越大，纤维越粗。

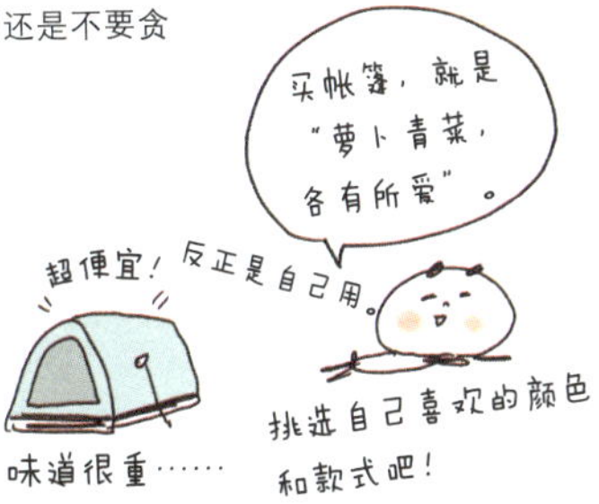
买帐篷，就是
“萝卜青菜，
各有所爱”。
超便宜！
反正是自己用。
味道很重……
挑选自己喜欢的颜色
和款式吧！

帐篷的细致分类

圆顶帐

自立型

适合自驾露营

195cm

◀ 经典圆顶帐。帐杆框架简单，推荐家庭出游，价格也很友好。

内帐

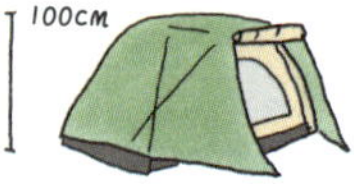
100cm

◀ 单人帐高度较低，空间紧凑。

适合极简派人士

一室一厅豪华型

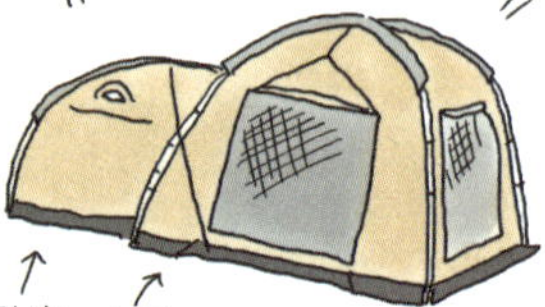
卧室
客厅

▲帐篷客厅如果附带蚊帐，便可玩转四季！但帐杆数量增加，会使装备变重。

单帐杆、双帐杆

半自立型

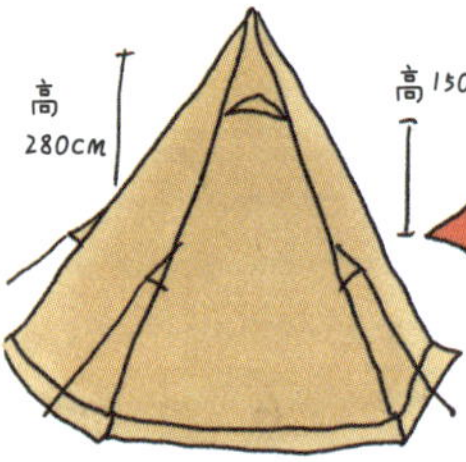
高
280cm

高 150cm
徒步露营

双帐杆

▲非自立型帐篷。帐杆较少，所以内部空间较为紧凑。

A字帐篷

半自立型

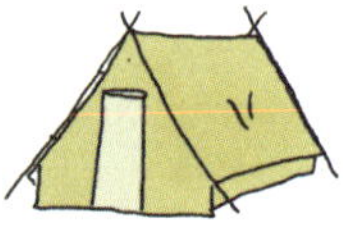

◀ 复古感十足，可以轻松搭建。

屋型帐篷

自立型

钢制帐杆，结实耐用！

▶ 状似小木屋，帐杆垂直支撑，比较笨重，但舒适感强。

隧道型帐篷

半自立型

▼▶ 隧道型帐篷的开放感强，而且很多产品的内帐都是可拆卸的。

也有轻便的款式

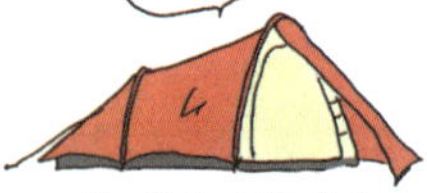

2kg左右的款式和徒步露营更配

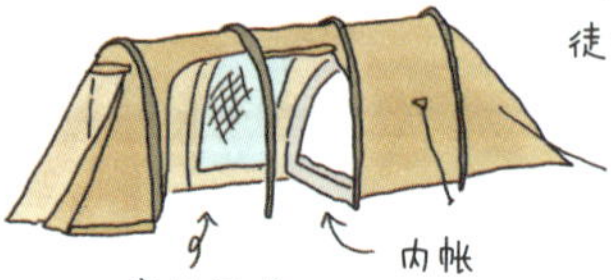
客厅区域
内帐

自动型

收纳时需要一定技巧

▶ 只需打开外包，帐篷就能自动展开。

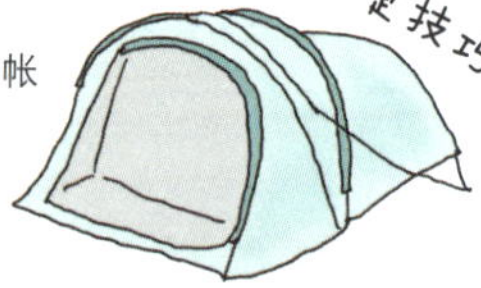

充气式

◀ 帐杆部分通过充气成型，需要搭配充气泵。对苦于搭建帐篷的新手来说，是绝佳选择。

睡袋

sleeping bag

选购要点

木乃伊型

信封型

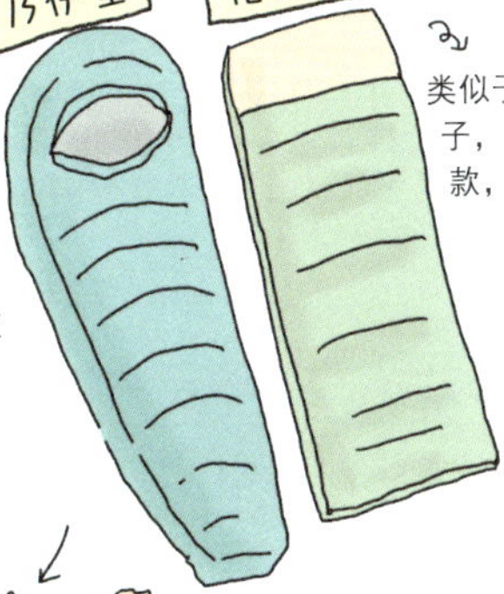

从头到脚包裹得严严实实，能轻松应对严寒天气。

类似于平时盖的被子，也有可拼接款，价格亲民。

收纳后尺寸截然不同

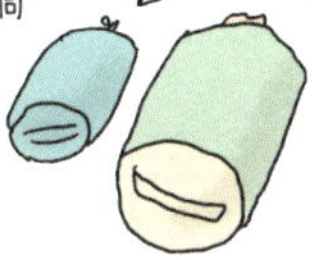

◀ 徒步露营时，推荐轻量便携的羽绒内芯。

外表相似，内里大有乾坤！

材料（内芯）

羽绒	化纤
· 便携	· 体积大
· 轻量	· 清洗便捷
· 高预算	· 低预算
· 天然材质	· 石油副产品

环保羽绒

羽绒来自鸭或鹅。

一件羽绒产品，需要很多小生命为此做出贡献。

有生命的资源

选用环保羽绒睡袋吧！

虽然外罩会老化，但羽绒内芯的寿命长达百年！小心使用，相伴一生！

精挑细选的要点

因为不便宜，所以不想踩雷！选购时不知所措？根据要点轻松解决！

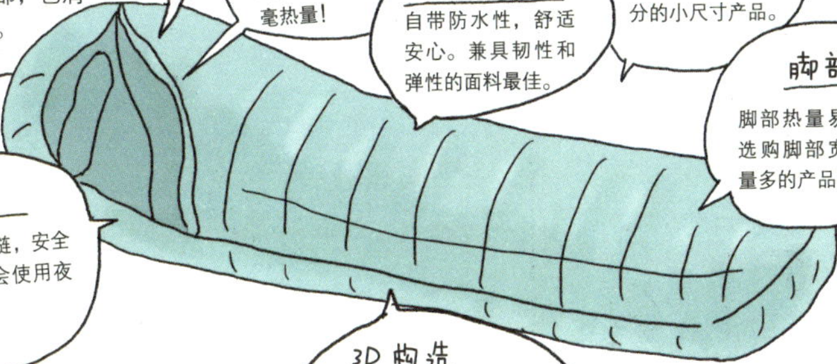

锁温御寒

防风帽包裹头部，包肩设计暖意十足。

松紧绳

拉紧颈部的抽绳，不放走丝毫热量！

材料（表面）

自带防水性，舒适安心。兼具韧性和弹性的面料最佳。

尺寸

一些品牌有精细划分的小尺寸产品。

脚部

脚部热量易流失，可选购脚部宽松、羽绒量多的产品。

拉链

高强度的 YKK 拉链，安全放心。一些产品会使用夜光材料。

3D 构造

立体 3D 剪裁，符合人体构造。全身都被轻柔包裹，锁温效果极佳。

可以看这里！

FP（Fill Power）简单而言

数字越高，保温性能越好。

羽绒量

充绒量越大，就越保暖，每款产品都会标明。

睡袋温度数值

产品的舒适温度各不相同。

可以参考这些数值 → 舒适使用温度 x℃

最低使用温度 y℃

◀ 每个品牌产品的舒适使用温度和最低使用温度都有差异，购买时选择适合自己的睡袋吧。

地垫

mat

选购要点

除了增加舒适性，地垫还可以阻隔来自地面的潮气，是露营必备之物。不要看它不起眼，就不舍得花钱！

充气型 or 折叠型

A

充气型

◀ 附带充气筒（部分产品不配套，需单独购买），需自行充气。一开始需要摸索技巧，熟练了就能轻松操作。

B

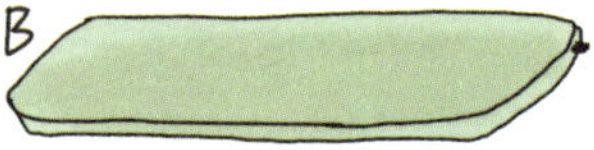

自膨胀型

◀ 部分产品中填充了海绵，在增加舒适性的同时，体积也相应增大了。与折叠型地垫配合，冬天也能轻松应对。

C

折叠型

◀ 与上面两款相比，该类型体积较大，但不易损坏，新手使用时也不用小心翼翼。价格较为亲民，但舒适感较差。

D

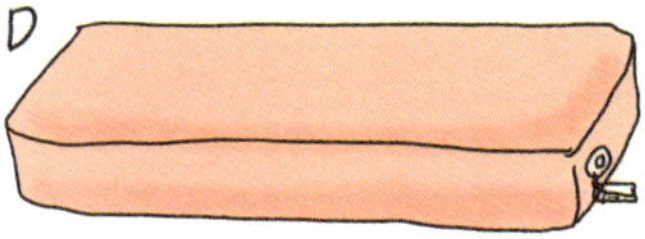

超厚豪华型

◀ 厚度 10cm 左右，舒适感很强，堪比家中床垫！但较为笨重，配上电动充气泵会更轻松。

特性坐标轴

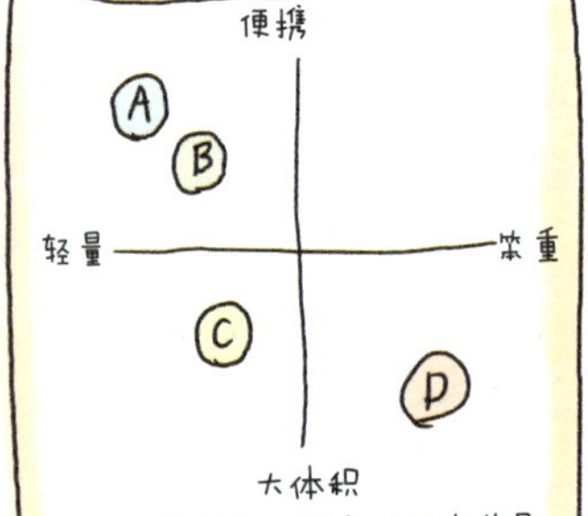
便携
轻量
笨重
大体积
A
B
C
D

※ 不同品牌的不同产品均有差异。

Point

易收纳 和 舒适性

精挑细选的要点

观察是否有充气阀门，排气是否顺畅。

填充的内芯层数决定厚度，三层比两层更防寒。

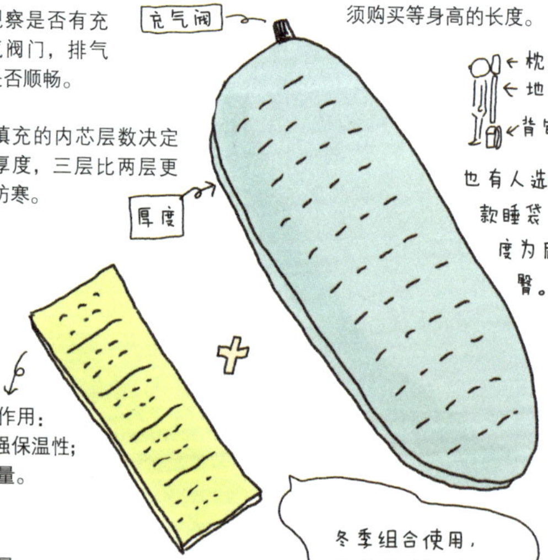
充气阀
厚度

凹凸不平的表面起很大作用：凹陷部分滞留空气，增强保温性；凸起部分则用于分散重量。

铝膜（银色）反射热能量，充分利用体温进行保暖。

冬季组合使用，更添温暖舒适。

长度

如果想要轻便易携带，无须购买等身高的长度。

枕头
地垫
背包等

也有人选择短款睡袋，长度为肩到臀。

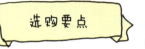

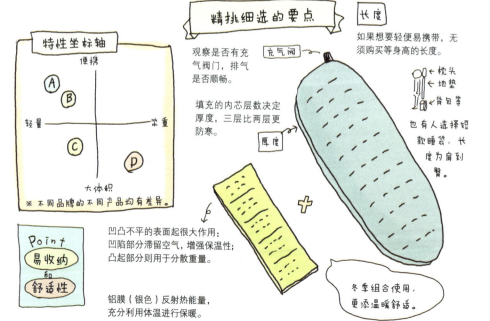

手提灯
lantern

选购要点

按燃料分类

可分为汽油灯、OD 罐提灯、CB 罐提灯、LED 灯。

汽油灯

必备部件

光源=灯纱

无铅汽油

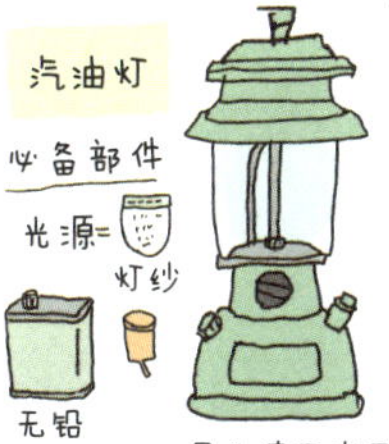

漏斗使用专用款更为便捷。

◀温暖柔和的光源，照明能力很强。安装灯纱、点火的同时开阀，都需要一定的技巧。

需要定期保养

OD 罐提灯

必备部件

灯纱 OD 罐

（光源） 470g

也有复古仿蜡烛款，不需要灯纱。

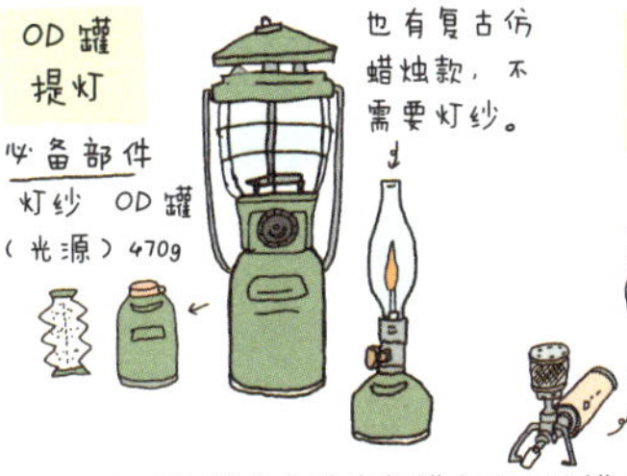

CB 罐提灯

必备部件

灯纱

CB 罐

也有横放款

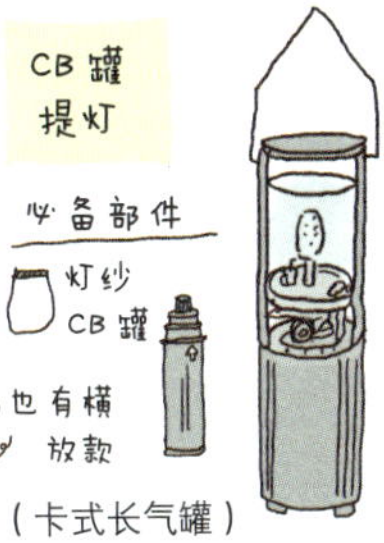

▲ OD 罐（户外扁气罐）和 CB 罐（卡式长气罐）与燃气灯相比，操作更简便。但部分产品需要自行安装灯纱。相比户外专用 OD 罐，CB 罐更适合在家中等环境稳定的场合使用。

LED（发光二极管）灯

必备部件

电、电池等。

◀产品便携且光量足，一些时尚的设计款还可以用作室内装饰。

一般而言

不同燃料的亮度差异

明 → 暗

汽油 > OD > CB > LED

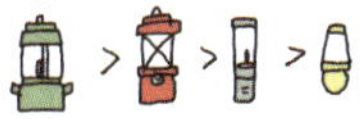

相当方便

头灯

可以戴在帽子上

◀解放双手，操作轻松！与LED灯配合，便捷加倍！

亮度单位

坎德拉（cd）

勒克斯（lx）

流明（lm）

一根蜡烛的亮度

表示照明的亮度。在 1m 范围内用餐，需要至少 300lx 的亮度。

LED 的亮度标准

1000 ～ 1500lm 的亮度，就可以用作主灯。

油灯

必备部件

灯芯

（21mm 左右）

非加压式煤油灯

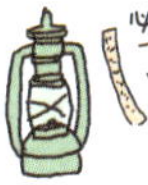

▶ 可以使用煤油或液状石蜡。煤油价格亲民，但气味较重且易产生黑烟；相较之下，液状石蜡更环保！把灯芯剪圆，燃烧会更加稳定。加入灯油后，需要等灯油浸透灯芯，才能点火。

复古仿蜡烛油灯

◀可随身携带，可手持，需避免翻倒，所以，尽量挂起来吧！

构造简单，灯光温和有氛围

手提灯的配套装备

露营灯杆、挂架

◀可以悬挂提灯，分为三脚架自立式、直立扦插式、桌边夹持式。

到底应该买哪种？

给新手推荐操作简单的 LED 灯。但只有一盏的话，可能会存在电池续航问题，最好带两盏以上。极简式露营、徒步露营时建议选择轻量便携的款式。

我的露营照明装备只有头灯和迷你 LED 灯。

椅子
chair

选购要点

根据收纳体积，大致分为两类。

组装式：骨架和布面分开收纳，组装使用。收纳体积小，易携带。

折叠式：收纳体积较大，但打开即用，十分方便！

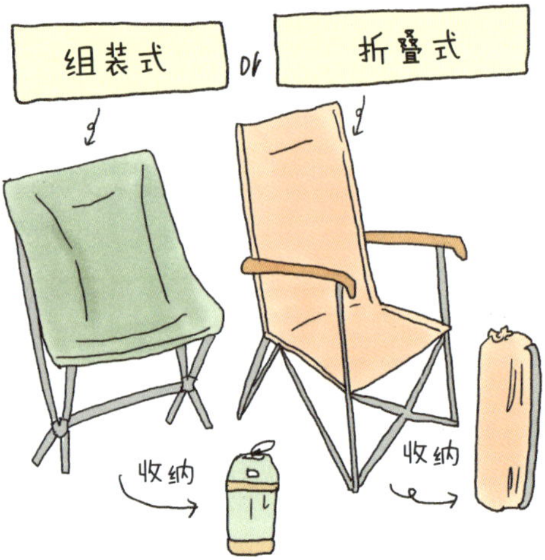

组装式
or
折叠式
收纳
收纳

不同种类的椅子

说到椅子，品类就十分丰富了。首先要根据身材，选择椅子的高度。再根据喜好，选择木制或铝制骨架。

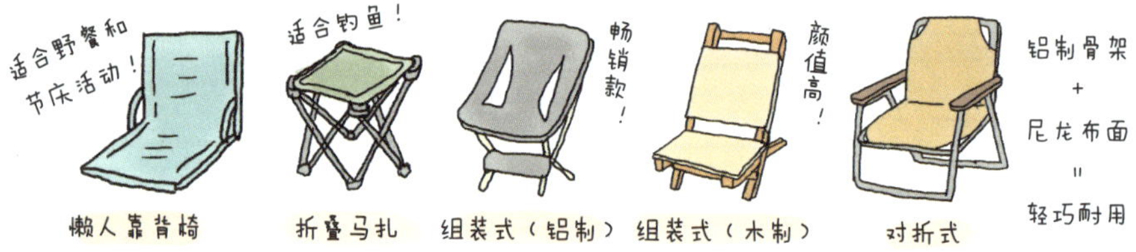

适合野餐和节庆活动！
懒人靠背椅
适合钓鱼！
折叠马扎
畅销款！
组装式（铝制）
颜值高！
组装式（木制）
对折式
铝制骨架
+
尼龙布面
=
轻巧耐用

从放置于地面的懒人靠背椅，到多功能椅，种类繁多满足各种需求。高靠背、有扶手的椅子更舒适。简易矮椅适合徒步露营。

组装式
（木制）
（也可以对折）
帆布 +
木制骨架 =
安逸放松的
多功能椅

休闲椅
用力向后靠，
就可以调节
靠背角度。
脚也可以抬高！
放下
一开始会害怕不稳当，习惯了之后就成了午睡的好搭档。
方便
便宜
经典款
方便移动
导演椅
双人
折叠长椅
一也可以当
作单人豪
华椅！
露营时悠闲坐着的时间很长，选择适合自己的“宝座”吧！

桌子
table

选购要点

高度

从高度上看，露营桌分为高桌和矮桌。可以根据帐篷空间、露营人数、露营风格来选择。配合现有的椅子，让客厅更加舒适吧！

一桌两用，大家一起享受烹饪和美食吧。

收纳差异

高桌

就像在家里厨房一样，可以站着烹饪。一些烹饪桌还可以摆放燃气炉和用具。

高桌中很多款式的桌脚都可以调节高度。

矮桌

现在矮椅成为潮流，所以矮桌也大受青睐，很适合极简露营！

组装桌

桌面和桌脚可以拆分。

可收纳成筒状

十分便携

桌面大小不同，收纳体积也不同。

折叠桌

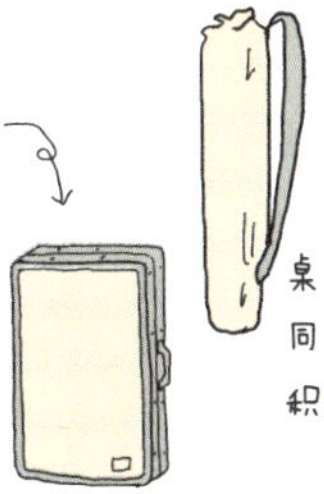

桌脚对折后收纳到桌面下，虽然比较笨重，但重心低，非常稳当。

桌面材料

不同材料的桌面，对应不同的承重和用途。

不锈钢／铝＋树脂

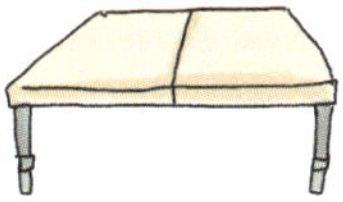

▲不锈钢耐热结实，铝相对较轻，二者都耐脏耐用。

烧烤架（铁）

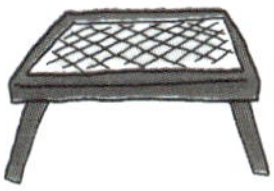

▲铁材质结实耐火，热锅可以直接往上放。沾水可能会导致生锈。

木制

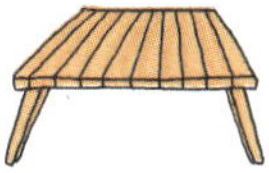

▲露营网站上的时尚单品，但易脏易进水，使用时要注意。

布面

▲轻量，体积小，高度也便于站立操作。但布面摆放饮料可能会不稳。

徒步露营或帐篷内用迷你桌

单人桌

一个人完全够用！

适合喜欢轻装上阵的露营家！

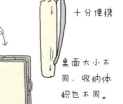

燃气炉
burner

选购要点

按燃料分

和手提灯一样，燃气炉按照燃料分类，燃料不同，特性也不同。

OD罐
（户外用扁气罐）

▲户外专用燃料，火力猛，体积小。

CB罐
（长式长气罐）

▲超高性价比，在严寒天气中燃烧会受影响。

无铅汽油

▲火力稳定强劲，需要一定的使用技巧，保养也不能偷懒！

按连接方式分

有一体式和分体式两种，可以放置的炊具大小也不一样！

一体式

▲燃气罐和炉头距离较近，若放置大锅，可能导致燃气罐过热，较危险！（市面上的炊具大小不一。）

分体式

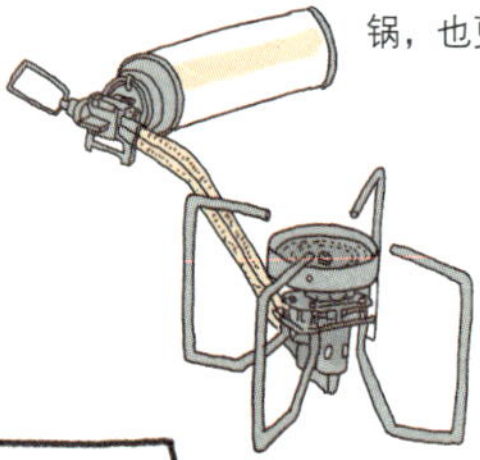

◀燃气罐和炉头分离，可以放大锅，也更稳定。

燃气炉配件

挡风板
（防风）

燃气炉的避风港

阻燃垫
避免桌子被烧焦。

也叫隔热垫或防火布。

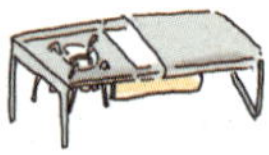

IGT单元桌，可以和燃气炉自由组合。

台嵌式炉灶单元，燃气罐不占空间

燃气灶

炉头两至三个，比较笨重，但做饭宛如在家一样方便自如！

OD罐双头炉　　CB罐双头炉

轻量静音

小众装备，使用燃料酒精的炉灶。

零噪声，让人静享露营时光。

适合悠闲享乐派

三角火架

挡风板

酒精炉　燃料酒精　全都小巧便携！

注：IGT（iron grill table）一种专为户外餐厨设计的移动厨房系统。

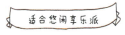

炊具
cooker

选购要点

按材质分

炊具的材质丰富多样。

铝

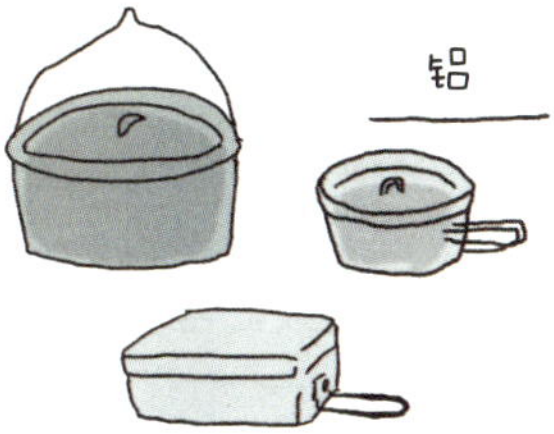

导热性强，轻便，广受露营爱好者青睐。表面涂层款不易粘锅，可轻松清洗。适合做露营新手的第一套厨具。

钛合金

轻巧结实，但导热性一般，使用烹饪体验不佳，价格昂贵。

铁

导热和蓄热都很棒，需要花时间开锅（保养），保养好可以相伴一生。

不锈钢

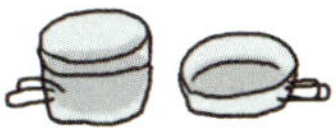

和铝相比较重，导热性也差。但结实耐用，价格亲民。

按用途分

双面夹锅

制作美味三明治必备！
从铁制到铝制，各种材质、各种形状，应有尽有。

烧水壶

呼

充分利用篝火！也有烧水壶+其他厨具的组合产品，效率翻倍。

烤盘

篝火烧烤，乐趣满满！小尺寸很受青睐。

嗯……
好想吃好吃的！
不同食物，使用不同炊具。

炒锅

在露营地炒菜怎么样？

猛火快炒！

饭盒／锅

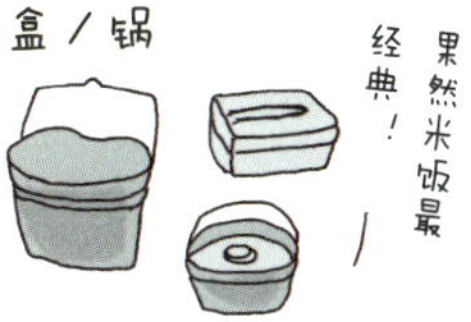
果然米饭最经典！

篝火、固体燃料、燃气都可以轻松煮出美味米饭！

平底锅

好像吉卜力动画里的场景！

可以长久使用的美食好搭档！一定要试试篝火煎蛋和煎培根！

篝火架

firepit

选购要点

万能型

适合三至四人使用，篝火和 BBQ 都能轻松驾驭，长期畅销款。

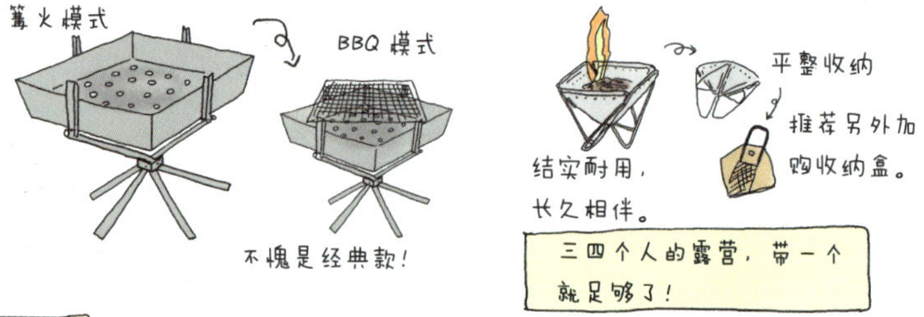
篝火模式
BBQ 模式
不愧是经典款！
结实耐用，
长久相伴。
平整收纳
推荐另外加
购收纳盒。
三四个人的露营，带一个
就足够了！

烹饪型

不只是欣赏篝火，更能乐享烹饪。

附带锅
具托架

火箭炉

更少燃料，更大火力。
玩篝火的同时，享受烹饪的乐趣。

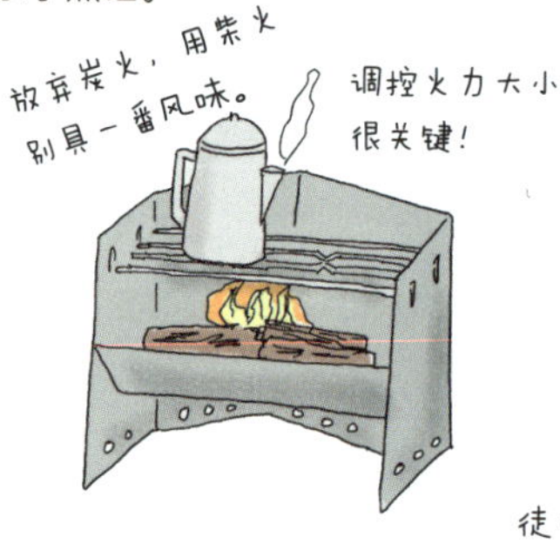
放弃炭火，用柴火
别具一番风味。
调控火力大小
很关键！

迷你柴火炉

小树枝做燃料，烧水很轻松。

酒精炉架可以
用来做底座。

单人炉

徒步时，推荐稳定
便携的篝火架。

为单人露营设计的迷你篝火架，从超轻量材料到铁制材料，品种应有尽有。

还有其他款式

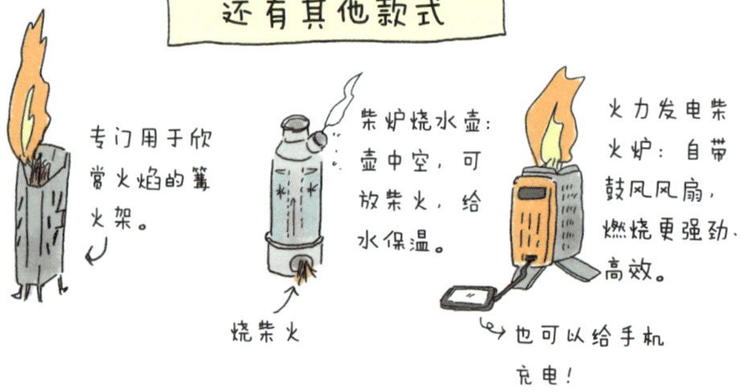
专门用于欣
赏火焰的篝
火架。
柴炉烧水壶：
壶中空，可
放柴火，给
水保温。
烧柴火
火力发电柴
火炉：自带
鼓风风扇，
燃烧更强劲、
高效。
也可以给手机
充电！

适合“荒野求生”式露营——只携带最低限度的必需装备，其他都靠户外生存技能的露营。

其他装备

others

保温箱包

\形状固定/

硬质保温箱

不锈钢

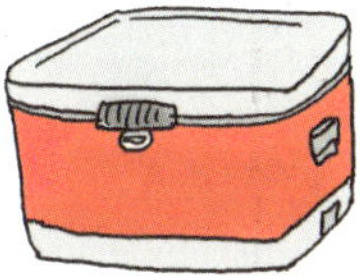

不锈钢 + 聚氨酯发泡保温内胆，冷藏锁鲜效果绝佳，但价格略高。

塑料

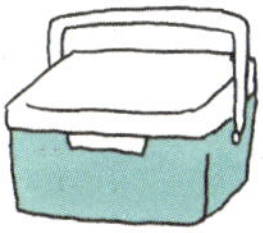

聚乙烯塑料箱价格友好，但保温能力不如不锈钢材质。

\形状可变/

软质保温包

与保温箱相比，保温效果较差，但轻巧便携！

储水桶

有折叠式，多为不锈钢加塑料材质，当然也可以用空矿泉水瓶代替。

纳凉网纱帐

360° 网纱保护，无须担心虫子骚扰，乐享夏日露营。

天幕

遮阳不在话下，一定程度上可以挡雨。颜色、材料多样。

天幕的各种形状

开放式天幕的主要类型

蝶形天幕

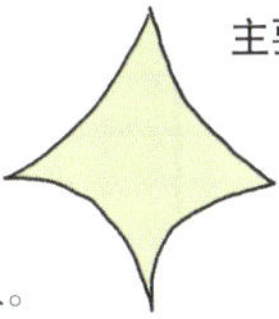

面积较窄，
抗风性强，
可容纳一至两人。

六角天幕

布面为六角形，两根帐杆即可支撑，轻松搭建。

四角天幕

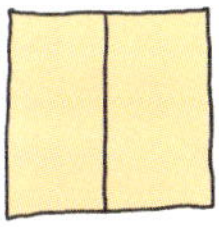

多帐杆支撑，抗风、稳固。

有各种搭建形式。

比如

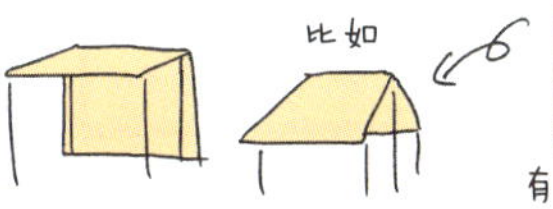

L 形搭建　　常规搭建

材质

有涤纶、涤棉混纺（TC）等材质。涤纶轻巧；涤棉混纺厚重，但遮阳效果更好。

探索不止！辅助装备篇

终于买齐装备了。
好耶
欢呼雀跃
但是，携带是个问题……
啊！
这些装备，
要怎么带走？
发现问题！
慌忙去选购背包。
都是登山包啊……
啊！
还有吃饭的碗碟要怎么办？
替换的衣服、食物呢？
要买的还很多……
先说箱包，非自驾去露营时，有两种选择。
背包走天下！
自己的装备自己背！
行李箱轻松出行。
就像去旅游！

带背包上动车，多少有点显眼，但在户外就很自然。
携行李箱出行的话，可以带更重的装备，坐动车也很方便。
自驾车或骑摩托车出行时，可收纳进装备箱，方便整洁。
杂物箱
零碎小物好去处！
餐具防撞收纳包
柔软包裹碗碟、金属餐具，避免摩擦碰撞。
手提灯外箱
帐杆收纳袋
十分便携！
寝具
提前打包好套装，直接拎包进帐篷！
柴火包
调料盒
也有人自制！
帆布收纳箱
桌子、架子也能轻松收纳携带。
帐篷地钉收纳袋
然后是洗护用品套装。
露营地有澡堂或回程顺路去泡温泉的话，推荐带毛巾！
我♥毛巾！
毛巾
比浴巾干得更快，图案更可爱！
也有轻巧速干的大浴巾，但很贵！
毛巾价格很亲民。
带两三块去吧！
洗发露・护发素
可以带自己分装的小瓶，也可以囤一些小包装试用品。
护肤品
化妆水分装到小喷瓶，乳液可以直接带小瓶……
化妆水等
在篝火边，皮肤容易干燥，头发和皮肤护理一瓶解决。
护肤油
牙刷
选择可折叠收纳的小型牙刷，市面上有对大自然很友好的环保牙膏。

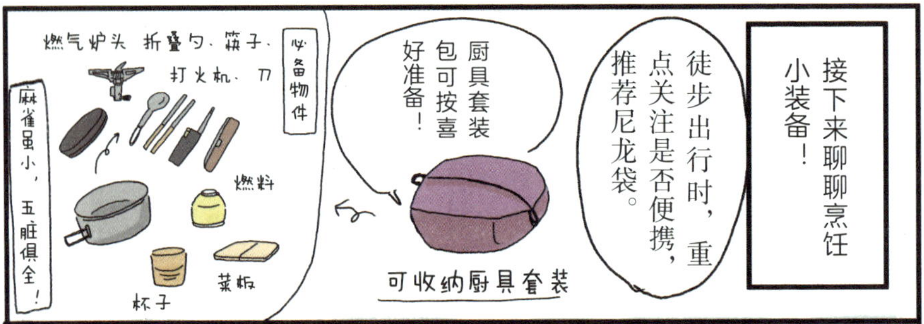
接下来聊聊烹饪小装备！
徒步出行时，重点关注是否便携，推荐尼龙袋。
厨具套装包可按喜好准备！
可收纳厨具套装
必备物件
燃气炉头、折叠勺、筷子、
打火机、刀
燃料
菜板
杯子
麻雀虽小，五脏俱全！

最低限度的必需品——烹饪装备

烹饪需求不同，装备也不同。以下是最低限度的必需品。（调味料之后介绍。）

食品夹

比起筷子，露营时推荐食品夹，方便快捷。

菜板

面包板还可以当盘子用。

如果想正经做饭的话，可以准备大菜板。有塑料、木头等材质，切鱼和肉时，一次性垫纸很方便！

刀

不必追求帅气的户外刀！带刀鞘的厨房用刀更安全。

湿巾＆厨房用纸

湿哒哒的灶台没办法做饭，用纸巾擦一擦吧！饭后也可以用厨房用纸擦拭盘子，清洁省时省力。

打火机

防风喷枪　普通火机

必不可少的装备，带两三个吧！

盘子＆餐具

不用专门购买户外专用的餐具，最好买耐摔材质的。户外烹饪推荐搪瓷材质，更易清洗。

其他

环保洗涤剂　分装小瓶，更易携带。

食品级酒精消毒喷雾　可以喷在菜板上。

锡纸

可以替代锅盖，十分便捷。

做汤需要用大汤勺……同理，烹饪需求不同，装备也不同。

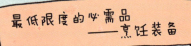

接下来是篝火装备。
最低限度的必需品——篝火装备
点篝火需要四种装备。
篝火架
比篝火架大一些
阻燃垫
减少对地面的伤害！
火钳
战术手套或皮革手套
助力型辅助装备
市面上的柴火有时候难以点燃，用斧头砍开更易使用。
以下是篝火的辅助装备。
助燃材料
有木屑制成的环保型。
吹火管
管子细细长长，不用使很大力就可以将空气送入火堆。
斧头、刀
咔嚓
打火棒
需要准备好麻绳并撕成绒团。
不用引火物和打火机就可以生火，十分有趣。
最低限度的必需品——急救物品
创可贴
纱布、消毒液
止痛药、止泻药
挑刺剪
毒液抽取器
收纳包可随意选择，但最好醒目一些。
注意！
斧子、柴刀等刀具需要一定的使用技巧，不是必需的。
带不带全看个人喜好！
单人露营时如果受伤，十分棘手。新手最好先跟其他人一起出行！
对！露营与危险相伴，急救准备不可忽视！

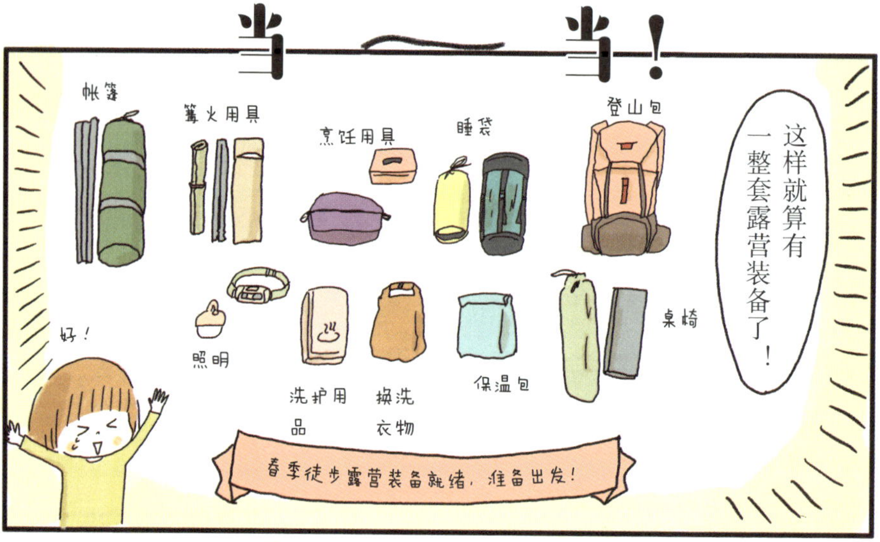

Camp gear list

出发前检查一下吧！

- □ 帐篷
- □ 睡袋
- □ 地垫
- □ 照明
- □ 桌子
- □ 椅子
- □ 燃气炉
- □ 厨具
- □ 保温箱（保温包）
- ○ 盘子、杯子、餐具
- ○ 地钉、锤子、绳索

○ 烹饪用具
- 刀
- 菜板
- 厨房纸
- 食品夹
- 打火机
- 洗涤剂、洗碗棉
- （锡纸）

其他
- 汤勺
- 烧水壶

○ 篝火用具
- 篝火架
- 火钳
- 阻燃垫
- 战术手套
- （打火机）
- 吹火管
- 助燃材料
- 斧子

其他
- 打火棒

其他
- ○ 天幕、帐杆
- ○ 露营灯挂架
- ○ 吊床
- ○ 储水桶
- ○ 行军床
- ○ 急救用品

室内住宿套装！
- ○ 换洗衣物
- ○ 洗护用品
- ○ 充电器

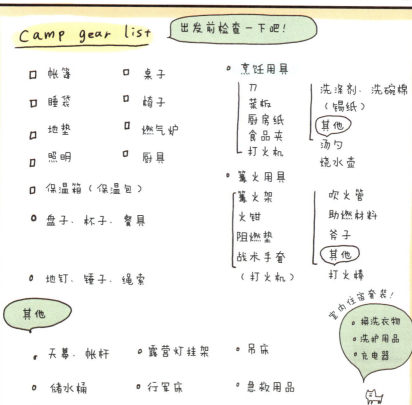

去哪里买露营装备

购买露营装备的途径，大致分为三种。
一是品牌直营店。
二是露营用品专卖店。
三是网购。
有很多店铺都没有线下实体店。
网购的话，不受时间限制，方便又实惠，我也经常沉迷于买买买。
这个不错！
付款
工作时逛网购平台。
但是
叮咚——
这是啥啊？太大了吧！
巨
大
哇——
这顶帐篷便宜，但是好臭！
臭烘烘
太难组装了！
根本搭不起来。
屡战屡败……
这就是贪小便宜吃大亏……
本来工资就不多，现在更雪上加霜！
就算稍微贵一点，也最好要亲眼确认一下实物！
现在有很多户外用品店，但以前很少……
登山女孩
富士山专区
当时多是与登山相关的店。
经常去的店铺是
独一无二的露营大型专卖店。
还专门跑老远去逛。
现在冒出不少时尚的露营装备店。
但推荐新手先到大型专卖店选购第一套基本装备。
琳琅满目
单是厨具就品类繁多。

露营用品专卖店攻略

但去现场，又挑花了眼……
真的需要买这个装备吗？
到底买哪个好呢？
STEP 1
售货员就是救星！
请问需要什么帮助吗？
户外达人
标配是胡须+眼镜
好帅！
哇——感觉像露营杂志上的模特。
解释一下
户外用品店的店员，基本都是户外达人！
自然派
户外达人
也就是说，他们可能是离我们最近的前辈！
前辈！
话说，店里有不喜欢露营的人吗？
但是最近露营火起来了，大型专卖店里人满为患。
忙忙
碌碌
店员看起来好忙！
推荐避开休息日，工作日去逛逛。
虽然他们看起来还是很忙……
店员
您……
您好。
一定要鼓起勇气开口询问。
STEP 2
如果逮到店员的话
可以问问中意的产品……
具体来说
·什么时候
·去哪里
·几个人
·想做什么
·想买什么
这样问店员比较好。
可以提前思考清楚要问的问题，

这样店员也能更好给出建议。
嗯，夏天去×××很不错！
我也经常到那边爬山。
夜里气温较低，推荐这个级别的睡袋。
像这样为顾客精准推荐。
这款是睡袋界的『劳斯莱斯』！
Rolls-Royce
?!!
打比方解释之后还是一头雾水！
户外达人思路大多不同寻常，说话都很幽默。
最后买了睡袋界的『丰田』。
这个也相当不错！
谢谢您的介绍！
时间充裕的话，装备可以慢慢买，还可以多去几次和店员搞好关系。
和网购比起来，价格略高。但将差价看作咨询费的话，就觉得钱花得很值！
心满意足

慢慢添装备的话，推荐这个顺序

没必要一口气就买齐全部装备！
先买什么呢？答案因人而异。
来看看这个例子吧！

露营
购物指南自走棋

START!

购买折叠椅

先在公园野餐。
休息一轮。

购买桌子
和燃气炉

在可以使用燃气炉的地方，
烧一壶水，泡一杯咖啡。
锅和杯子从家带去！
前进三步。

购买照明
（手提灯）

先在家试试看。
休息一轮。

购买帐篷&篝火架

哇。
都不想回家了

帐篷初体验！还试了试篝火。
前进三步。

购买睡袋&地垫

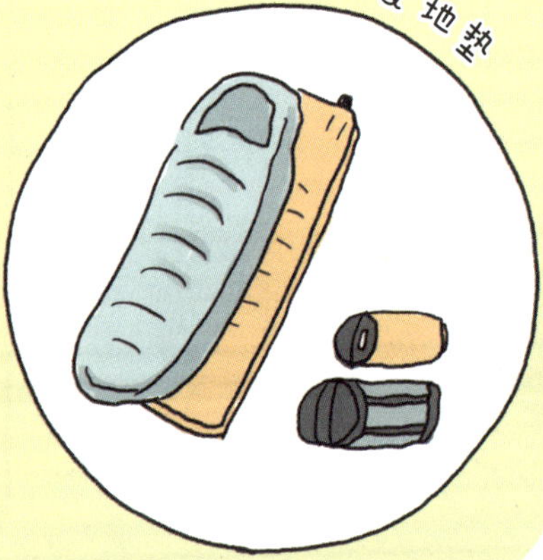

选购了可用三季的款！
马上到终点啦！

GOAL!
"Complete!!"

装备齐全，终于可以正式开
始露营了！太棒啦！

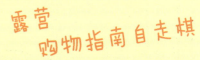

露营穿什么

穿什么去露营呀？
学生小A
穿让人情绪高涨的衣服！
听起来像在开玩笑，但其实不是。
露营……就是可以让自己不同于平日。
我朋友平时是干练的都市丽人，精英感十足。
日常模式
清爽
久等啦！
Formal
露营的时候会来一个大变身
风格和平时截然不同！
你好！
休闲感满满
Casual
我平时的工作就是露营和画画，
illust
呆—呆
平时
camp
哇—！
元气满满
虽然看起来没什么变化，但露营服装还是和平时有所不同。

但并不只是为了好看才区分着装。
我回来啦。
……
回到家
"烟火气"十足
没错！浑身都是篝火的烟熏味！
而且会沾到泥土等平时不常有的污渍，所以要准备专门的露营服装。
迅速脱掉！
冲去洗澡！
但和登山专用户外服有所不同，
虽然都是户外着装。
也有人会穿登山服去露营。
嗯？这样不合适吗？
但是真的很贵！
常见的是尼龙、涤纶材质的薄外套。
篝火的火星是天敌！
会被火星烫出洞来。
不点篝火的话，倒是可以穿。
最实用的是厚实的外套或牛仔布衣物。
冲锋衣有油性涂层，防水性强。
虽然笨重，但是耐火性强。
牛仔裤也很不错，但缺点是沾湿后无法速干。
近来市面上也有防火夹克。
我还没买的时候，会用毛毯包裹全身。
披毛毯也完全可以！

露营地（尤其是高原地区）早晚温差很大！
好热。
中午穿短袖
降温了——
发抖
傍晚穿长袖
夜里穿薄羽绒服
带羽绒服来太明智了。
这种温差很常见。
接下来的重点：多层叠穿！

因此下面介绍
露营时的多层叠穿推荐
介绍春夏着装
帽子
夜里（冷的话）
可以戴针织帽。
夏天不可或缺的太阳镜
纯棉T恤×马甲
一件衬衫
还可以做防晒服！
篝火夹克
气温低时，可以穿薄羽绒服。
纯棉或牛仔布裤子
短裤
玩水时可以穿。
靴子
袜子
湿了的话可以替换。
马甲或斜挎小包
贵重物品需要随身携带，放在口袋或小包里更方便。
替换拖鞋

不过——
如果是自驾出行，就可以带各种衣服叠穿，
但徒步露营的限制就很多。
纯棉材质也比较重。
所以可搭配速干的山地服。

徒步旅行着装推荐

亚麻材质吸汗速干、防臭清爽，十分推荐！
春夏
速干不黏腻，不再惧怕汗水
速干上衣
寒冷时的贴身内搭
适合山地
防水冲锋衣
薄羽绒服
速干裤子
（混麻材质也不错，凉爽透气，速干舒适）
御寒、防虫紧身裤
速干布料或羊毛材质等。
防水鞋
贴身衣服选购要点：速干、防臭！

徒步露营的背包中，衣服占比很大。
所以选择轻巧便携的户外服装或亚麻材质服装吧。
出行时间较长时，精简换洗衣物，充分利用自助洗衣房……
秋冬时，衣物难以精简，确定自己最需要保暖的部位，可以事半功倍。
那就是脖子！
脖子要严严实实地做好保暖！

秋冬露营着装推荐
头部
虽然露营用不上脑袋……
带护耳，保暖无死角
针织帽温暖头部
颈部
保暖脖套
（不像围巾一样碍手碍脚）
注意袖子！
大拇指可以穿过孔洞，手掌也暖乎乎。
脚踝
相比纽扣，拉链的密封性更强。
手腕
组合手套穿戴更实用！
露营穿裙子，是不是很奇怪？但可别小看！
里面
打底裤
护踝袜套
裙子下面保暖措施万全，还能遮挡不太美观的保暖裤。
穿上围裙，防止篝火火星损伤衣物。
严寒时露营，偶尔会碰到这种人。
好冷。
发抖
发抖
啊！冷的话快添衣服吧！
我只带了一件外衣，
如果穿上还冷就没辙了，所以现在忍忍吧。
笨蛋！
唔
体温下降到一定程度，身体就没办法回温，
啊，感觉要降温了。
这时候就要尽快添衣！
觉得太早的时候其实时间刚刚好。
太热的时候，也不可以因为怕麻烦就不脱！
汗液也可能导致体温降低。
好热。

有备无患，雨具也要准备好！
一些雨衣的设计很好，不取下背包也可以穿上。
伞虽然方便，但干活时就没办法撑伞，所以适当准备就可以了。
总之，在户外，汗和雨会让体温下降，不可大意！
风也很刺骨！
露营时会生篝火，所以不用太担心。
好暖和。
接下来
紫外线！虫子！
吸血蝇
蜜蜂
牛虻
强烈的阳光可能导致晒伤，一些虫子也可能会让你进医院！
夏天要留神裸露的部位！
如此看来，露营着装的限制又多了。
重视关键点，做好自己能做的，在保护好自己的基础上尽情享受吧！
我喜欢宽松舒适的衣物，喜欢洗后香气扑鼻的面料。
料子不易皱就更好了。
而且，平时上街穿的衣服可能颜色素净，在郊外就不用那么在意他人的眼光，
虽然有点花哨……
挑战一下平时不怎么穿的颜色吧！
为与平日不同的自己准备一套装扮吧！
都一把年纪了，三个人还一起买了背带裤姐妹装。
这就是露营的又一个乐趣所在！

买装备，要循序渐进

最开始，对装备一窍不通，十分伤脑筋。
放弃思考型
太麻烦啦，直接买新手套装好了！
付款
和想象中……不太一样呢……
想要更时髦一点！
冲动型
啊！好便宜！买买买！
在单薄的睡袋里瑟瑟发抖！
想避免踩雷，咨询专卖店店员，除了
阅读户外杂志和书籍也是不错的选择，
网上也有很多经验帖，
浅显易懂。
还有装备介绍视频（品牌官方视频的可信度更高），
搭建不简单啊。
诸如此类。
随着露营的经验增加，
啊，如果有那种东西就好了。
感觉这个用不上呢……
对装备也会有自己的想法，所以先购买最低限度的装备试试看，再慢慢增添吧。
新手时期我常做的事
哇，露营好开心！
回程顺便去一趟露营用品专卖店吧！
好呀！
女生三人露营之旅
回程途中去选购装备，将当天的露营经验运用起来。
啊！这里有这款！
怎么办！
油灯
我要买这个！
太阳能手提灯

疯狂购物……
帐篷
3kg 炭
各种小物件
我们是一个小团体……
付钱的瞬间，就已经迫不及待想快点用上这些装备，立刻开启下一次露营。
下次再一起去吧——
得用上这个！
沼泽 = 进入无止境的循环
露营 → 买装备 → 想快点用！
平时购买必需品如果踩雷了，
算了吧……
也会觉得无伤大雅。
露营装备有限，而且都不是急需品，所以可以慢慢买。
还有两周啊，可以再考虑考虑。
出发日
也就是说，最好不要着急购买！
而且
在危急时刻，能守护我们的说不定就是这些装备。
停电了也丝毫不慌。
好便宜！
觉得还行！
避免这种冲动消费，购买时要深思熟虑。
用着精挑细选的装备，才能有最棒的体验！
这样才能将装备视若珍宝。（接着陷入买买买循环。）
哇。我的帐篷好可爱！
今天也多多指教。
呼，这小家伙真不好对付。
用篝火烹饪
一个人露营时，总是会对着心爱的装备自言自语。

关键在于选址

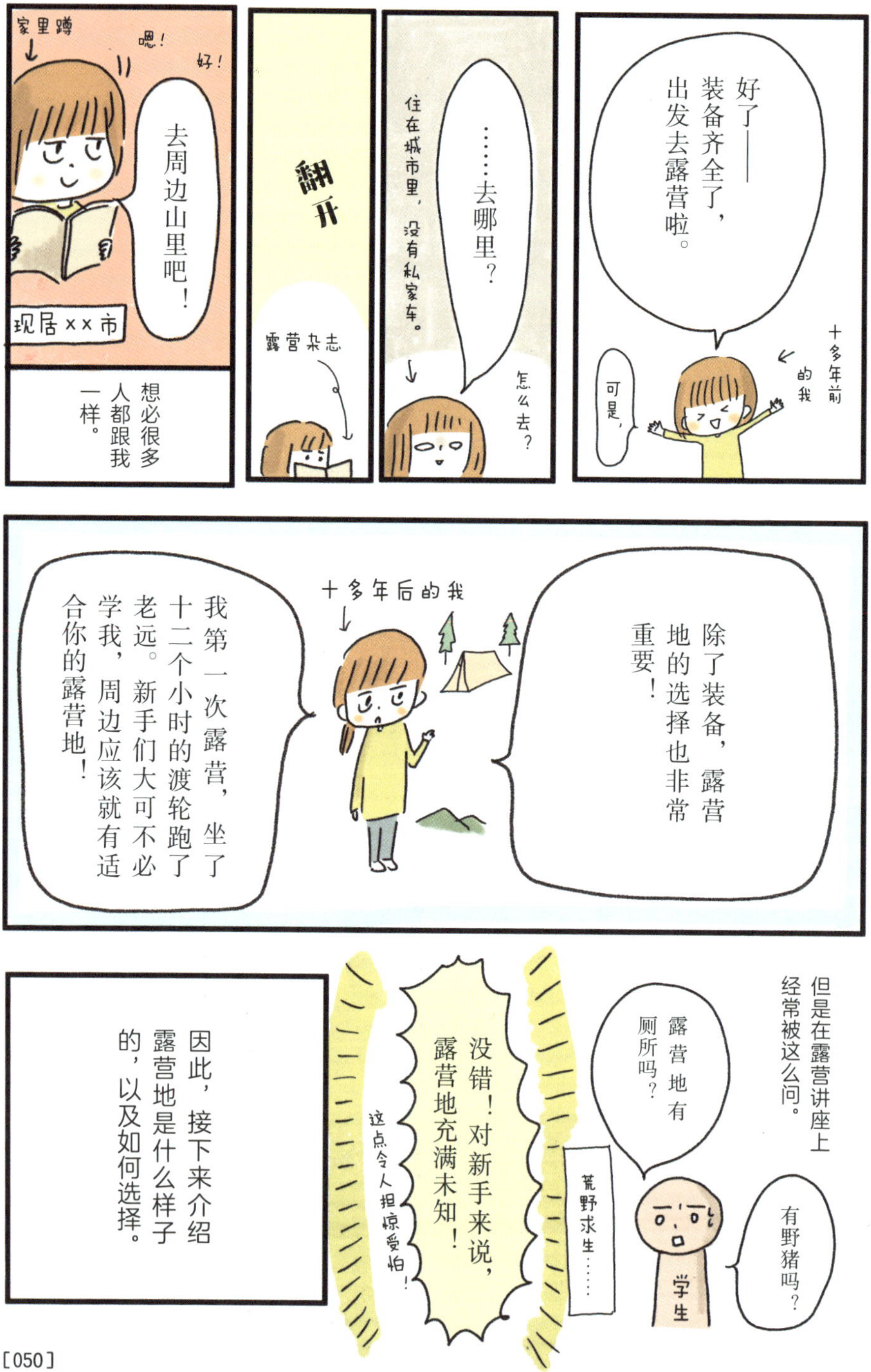

十多年前的我
好了——装备齐全了，出发去露营啦。
可是，
……去哪里？
怎么去？
住在城市里，没有私家车。
翻开
露营杂志
家里蹲
嗯！
好！
去周边山里吧！
现居××市
想必很多人都跟我一样。
十多年后的我
除了装备，露营地的选择也非常重要！
我第一次露营，坐了十二个小时的渡轮跑了老远。新手们大可不必学我，周边应该就有适合你的露营地！
但是在露营讲座上经常被这么问。
有野猪吗？
露营地有厕所吗？
学生
荒野求生……
没错！对新手来说，露营地充满未知！
这点令人担惊受怕！
因此，接下来介绍露营地是什么样子的，以及如何选择。

露营地的基本设施
首先，基本上都有厕所。
可能会有全自动马桶。
除了抽水式马桶，还会遇到各种老式厕所，不过大多都比较干净。
也有供水。
一些地方还会提供热水。
多少有一些照明。
比如只有管理楼和前面大路亮着灯。
不存在没有基础设施的露营地（除了一些山里的营地）。
几年前
卫生间停止使用。
停水
嘀
完全没有基础设施的露营地，至今只遇到过这一次。
这些都是最基础的设施。
露营地可能有的设施
可淋浴
一些露营地有浴室和更衣室，豪华程度各不相同。
有澡堂泡池或温泉
甚至还可以包下露天泡池！
有自助洗衣机
可能会纠结以前有人使用过，但长期露营会用到！
还有餐厅或工作区
边工作边远远看着露营的人们，
感觉真的很惬意。

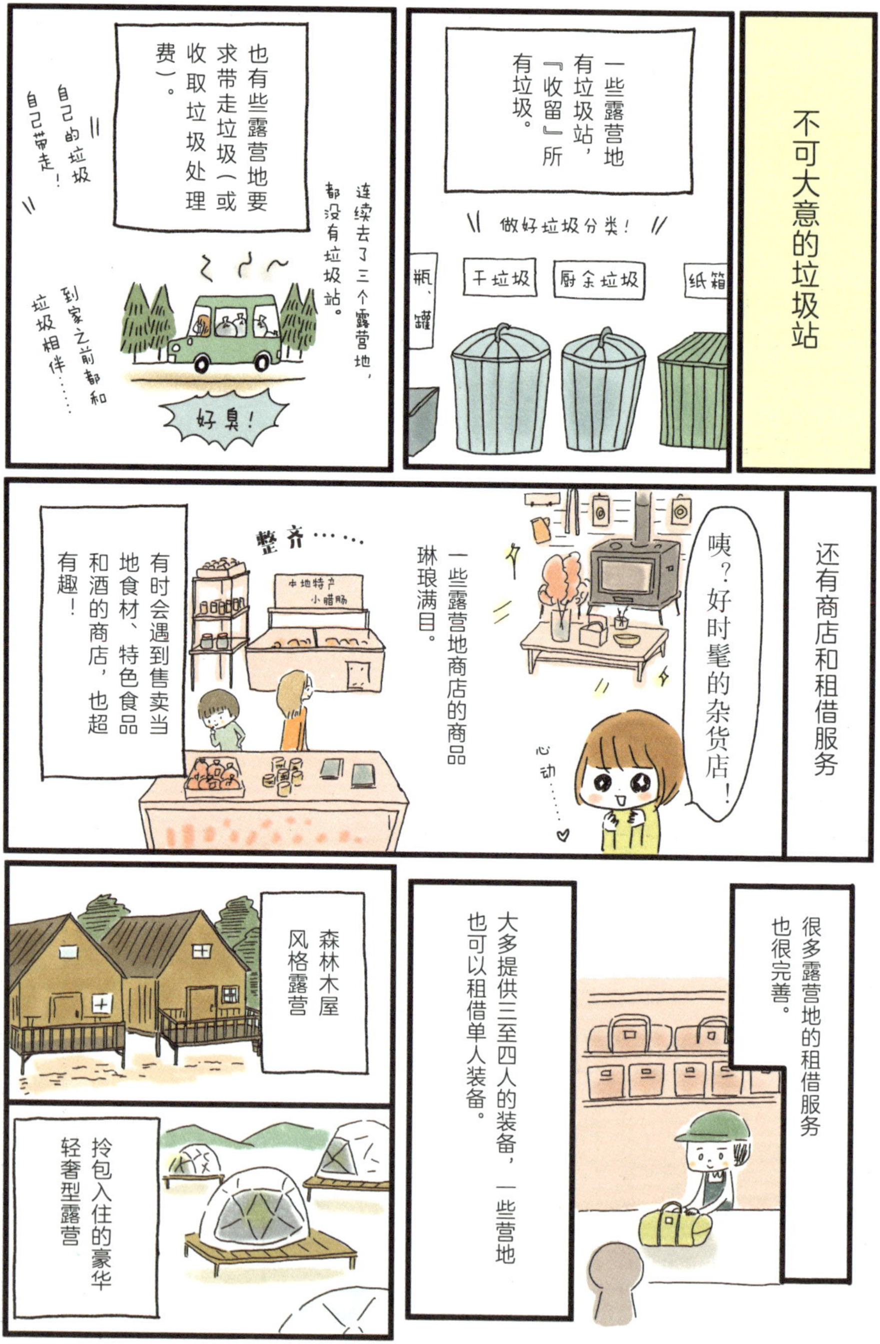
不可大意的垃圾站
一些露营地有垃圾站，『收留』所有垃圾。
做好垃圾分类！
纸箱
厨余垃圾
干垃圾
瓶、罐
也有些露营地要求带走垃圾（或收取垃圾处理费）。
连续去了三个露营地，都没有垃圾站。
好臭！
到家之前都和垃圾相伴……
自己的垃圾自己带走！
还有商店和租借服务
咦？好时髦的杂货店！
心动……
一些露营地商店的商品琳琅满目。
整齐……
本地特产
小腊肠
有时会遇到售卖当地食材、特色食品和酒的商店，也超有趣！
很多露营地的租借服务也很完善。
大多提供三至四人的装备，一些营地也可以租借单人装备。
森林木屋风格露营
拎包入住的豪华轻奢型露营

露营地多种多样，
这里粗略分为两种！
低规格露营地
和
高规格露营地
简单而言，低规格露营地只有最低限度的基础设施。
比起轻奢派、阖家欢乐派，这种露营地更适合喜欢独自静享自然的人。
高规格露营地设施齐全，带娃的家长也能放心享受。
游乐设施丰富，孩子不会觉得无聊。
虽然两种露营地各有千秋，但推荐新手先选择高规格露营地。
啊！
忘记带东西了！
幸好！
没事，可以租借！

比基础设施更重要的……
那就是
选址！
我觉得这点最重要！
河川
清凉一夏，尽情玩耍！可能会有点吵闹。
草原
一望无垠，放松心情。
露营地多种多样。
高原
就算是炎热的夏季，早晚也有丝丝凉意，夜空中有繁星闪烁。
湖泊
很多人玩桨板和皮划艇。
海岸
夏天人气超高！日照有些强烈。
林间
林光熹微，幽寂宁静。
被树木环绕，树荫斑驳间悠闲地露营。
和朋友们在河边BBQ，帐篷里很热却开心酣畅。
清晨来一杯咖啡，眺望湖边倒映的风景。
仅是想象，就开始期待了！

帐篷的搭建地点是提前规划好的。
区划营地
可自由选择搭建地。
自由营地
有以上两种形式。

区划营地，最好提前预订自己喜欢的地点。
自由营地，则可以现场挑选中意的地点。
两者各有利弊。

	自由营地	区划营地
优点	选择喜欢的地方搭建。	提前占好自己的地盘。
缺点	人满为患时，空间过于拥挤。	很多时候不能自己决定地点。

想冬季去露营的话，要提前确认露营地冬季是否营业。
有些露营地只在夏季开放。

关于入住和离场的时间
您好！
我来登记！
欢迎光临！
在某露营地
登记中
垃圾丢在……
木炭灰丢在……
哦，对了，离场时间……
没有时间限制，请自便。
咦？
真的吗？
这种情况太少见了。
一般来说，离场时间是上午10～12点。
入住时间则各不相同！
提前查询好！
这里上午入住
那里下午入住
提前或推迟入住的话，一些露营地会额外收费，可以根据自己的时间安排进行选择。

到露营地的距离
自驾时
出发前一天
从家里到露营地要 2.5 小时啊……
有点远，不过也能去。
当天
太堵了吧！
水泄不通
露营地入口
终于到了……
但是！
拥挤
这边也人满为患了！
我遇到过这种情况，所以新手们如果不习惯长途自驾，最好选择车程 1.5 小时以内的露营地。
最好下高速后 0.5 小时内就能到达。
而且到了之后还得呼哧呼哧搭帐篷……
很多露营地距离高速出口可能隔了一座山，车程也许长达 1 小时……
目的地

最后，露营地挑选的重中之重！
露营初体验，千万别小气！
强烈建议！
各露营地收费标准不同，需要提前咨询价格（大多是按人头收费）。
单人
团体
当然，也会有
免费露营地
有卫生间和水房。
我穷得叮当响时，找了很多免费露营地。
哇——住几天都不要钱！
但却因为安全和设备问题，整天提心吊胆。
没有信号！到村镇要一小时！
之前提到的无厕所、无供水的露营场就是免费的。
我不会死在这儿吧！
所以，最好选择可以花钱买安心的地方。
管理是需要经费的！给人和自然都付点钱，安心舒适地享受吧。

小叙闲话
啾啾啾
吊床闲躺
一直露营都有点腻了。
奢侈的烦恼……
这种时候，推荐寻找有娱乐设施的露营地，来一场周边游也很不错。
一些露营地可以钓鱼或租借皮划艇、山地车，乐享休闲时光。
也可以在周边山区徒步、湖里划船，或是景点游玩。
询问工作人员可以获得周边旅游的信息。
哇！有酿酒厂。
长途跋涉，只待在营地很可惜呢。
好不容易来一趟，多多体验当地的风土人情，露营的乐趣才能最大化！
当地超市
商店
道路服务区
露营地
古迹
山脉
湖泊
河川

国内 十大露营地推荐

① 莫干山【浙江省湖州市】

莫干山的营地周围森林环绕，云海、朝霞、落日都很美。天气不错的清晨，爬上视野开阔的山顶是个不错的选择！

在静谧的山林里，
感受大自然吧！

② 张家界【湖南省张家界市】

站在高高的山上，
俯瞰壮美山河。

虽然多峭壁，山势陡峭，但山顶却较为平坦。搭好帐篷后即可坐拥壮丽山河，这是张家界露营的独特享受。

③ 察哈尔火山群【内蒙古自治区】

北方的自然环境粗犷大气，草原自不必说，奇特的火山群景观是这里最为独特的标签，令人震撼。

竟然会有这样的地方，
大自然还真是神奇！

注：此处介绍的十大露营地由《中国国家地理》杂志评选。

④ 沙坡头【宁夏回族自治区】

大漠、绿洲、河流、湖泊，在这里一次全部拥有。要说集合多重景致于一身的露营地，非此地莫属。

集多重景致于一身！

⑤ 丹霞山【广东省韶关市】

广东的地貌名片之一。

广东的地貌名片之一，必打卡的露营地是观日亭，在此露营，就能畅享丹霞日落美景。

⑥阿那亚

【河北省秦皇岛市】

位于北戴河黄金海岸南部，面朝大海，轻轻闭上眼睛，即可惬意聆听海浪声。不过，在海边露营要注意天气变化！

⑦布尔津禾木村

【新疆维吾尔自治区】

一个会令在都市生活的人感动落泪之处。

去过禾木村的旅人，没有不推荐白桦林的。新疆的秋季很短，9月中旬到10月中旬前往喀纳斯最为适宜。山野之下的白桦林恣意在风中摇摆。秋日的早上，金黄色的树林上雾霭弥漫，宁静的山野让人流连忘返。

选一个天气好的日子，
出发吧！

⑧玉科草原
【四川省甘孜藏族自治州】

川西似乎一直都是旅人的神往之地，在热门景点排队可以说是家常便饭。推荐露营爱好者们选择被群山环抱的玉科草原，相比熙来攘往的热门景点，这里祥和而宁静。草原广阔、平坦，森林覆盖率也很高。7～9月的草原，鲜花遍地，幸运的话，还能看到土拨鼠！

⑨雨崩村
【云南省迪庆藏族自治州】

雨崩村是梅里雪山山脚下的一个村落，平均海拔约3200m。网络上看到过这样的评价：“要论自然环境的奇绝壮美、抵达的艰难程度、信仰的纯净无瑕，雨崩或许可以成为露营界的‘天花板’。”在这里，徒步线路更令人神往。

露营界的『天花板』
就是这里了。

⑩莆田【福建省莆田市】

东南的丘陵地带，地貌复杂，或许只是几十公里，也可以让没有开过山路的人体会到盘山公路的可怕。虽然景致引人注目，但一定要专心驾驶，注意安全！

找到心仪的宝地，
我们一起去露营吧！

露营场地预约指南

露营地一般通过网络或电话预约。
有些地方不需要预约。
无须预约
Camp
但年轻人一般都先上网搜索相关信息。
××露营地是……
能查到很多营地。
找到了！
官方主页上什么信息都没有！
只有一张照片和几行字……
为啥？不想做生意了吗？
这种情况也时有发生。
露营地的经营模式多样：
●私营企业
●村镇政府
●个体经营
私营
政府
个体
除此之外还有一些非营利组织。

露营地的官方页面也各有千秋。
公众号小程序
有独立的预约系统。
自媒体
手工自制风露营地介绍页
信息更新及时，图文并茂，内容介绍非常详细。
官方主页
××主页
露营地
咨询
有时只提供咨询电话和地址。
此外，还有一些旅游网站可预约露营地。
Pad
可以按照地区查找露营地，预约也很方便。
然而！
有的官方介绍信息更新不及时，或是与实际不符。
停业
看了网上的信息，到了之后却发现关门了……
咦？
去年就停业啦。
好心路人告诉我的。
闪现

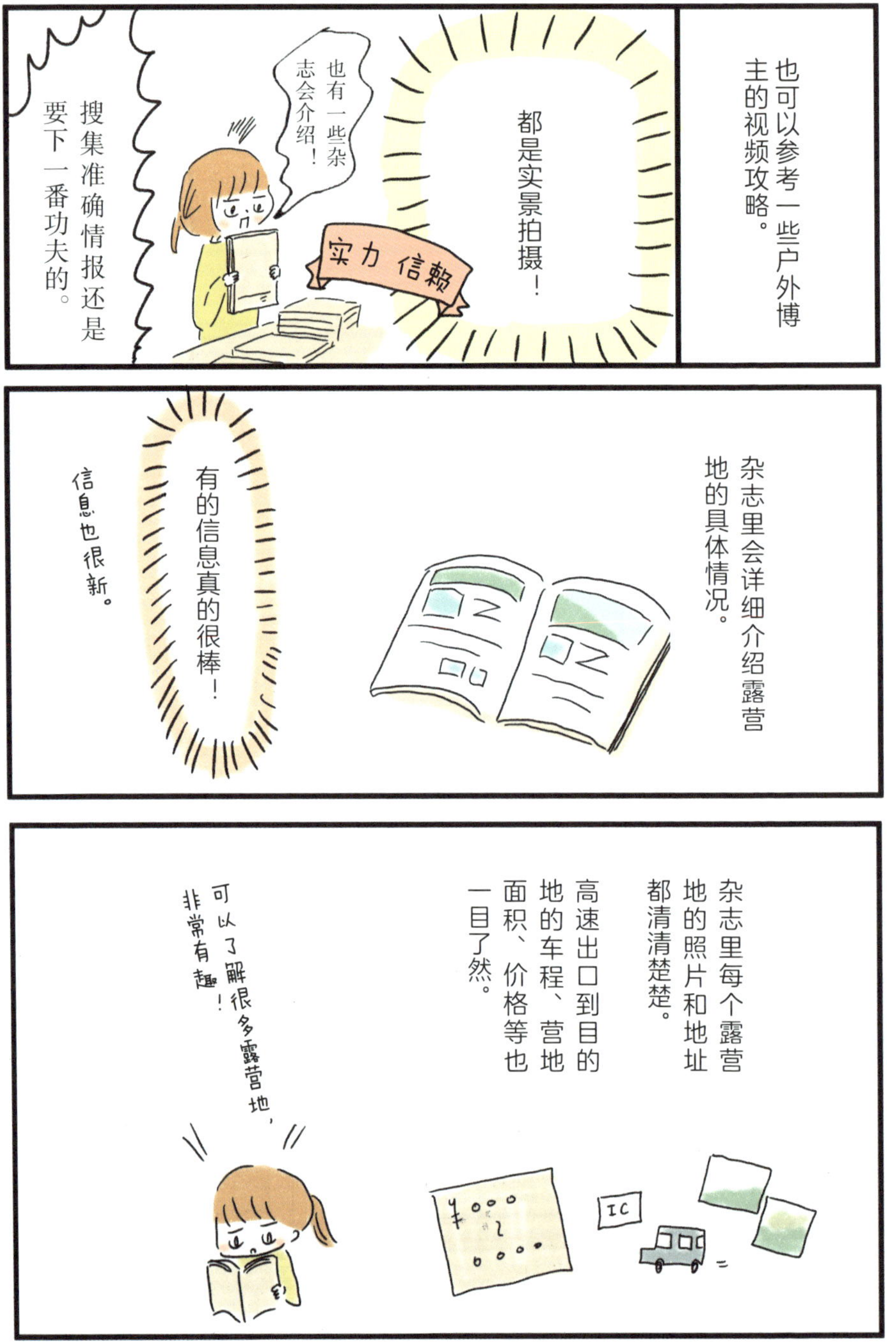
也可以参考一些户外博主的视频攻略。
都是实景拍摄！
实力 信赖
也有一些杂志会介绍！
搜集准确情报还是要下一番功夫的。
杂志里会详细介绍露营地的具体情况。
有的信息真的很棒！
信息也很新。
杂志里每个露营地的照片和地址都清清楚楚。
高速出口到目的地的车程、营地面积、价格等也一目了然。
可以了解很多露营地，非常有趣！
IC

简单了解露营地后，如果有心仪的地点，可以上网搜索一下！
瞧！
照片
信息
搜索照片和大家的评论，更容易想象出露营地的样子。
个人博主也很推荐！
还可以看看视频网站！
露营
但是评价标准因人而异。
以前我有个喜欢的博主，还去了他推荐的露营地。
就在附近，很方便！
就去这儿吧！
嘀嘀——
叭——
轰——
公路边
……
确实很近很方便，但是太吵啦！
受不了啦！
每个人对露营的关注点不一样，要留心。
露营目标的差异
景色安静
便捷
宽敞
『百闻不如一见』，不去现场亲眼看看就无法真正了解！但想到这也是露营的乐趣所在，就能享受每一次相遇。
比想象中小了点，但确实是好地方呀。

一些露营地只接受电话预订。
现在还只能打电话！
不要犹豫，抓住这个机会！
扑通扑通
在现在这种时代！
前不久的事
露营旅行中
啊，您好！明天想去你们那里露营……
噢。泥四××吧。××。
碰到了方言
终于说明白了！
不过感觉他挺和善的。
好像在跟外国人打电话……
人品能突破语言的壁垒！
第二天去露营地，见到了电话里的那位大爷。
玩得开心。
少数能听懂的句子
啊！
只听懂这句，好感动！
因为昨天通过话，莫名感到亲切！
电话联系时觉得印象不错的话，去之前会更有底气，还可以了解周边的情况。电话预约的好处多多。
小心入口前面的土路！
啊，好的！
虽然打电话时有点紧张，但愉快的露营从与管理员的沟通开始，鼓起勇气打电话吧！
啊，您好！
我想搭帐篷住一晚。
其实，我也讨厌打电话，但预约时从不觉得痛苦！

别忘东西，一再确认

顺利预订好露营地后，一定要做的事情
就是检查装备是否带齐！
比起主要装备，容易忘记的都是小物件。
忘带地钉和锤子了！
没带毛巾！
忘拿筷子！
最近每次出门都觉得忘带了什么东西。
肯定忘带什么东西了。
嗯……
只要带着钱包和手机就……
然而
为了防止物品遗漏，
摆开装备
全部摆在一起检查！
做一个露营装备列表，会更方便。
嗯……
帐篷
椅子
睡袋
利落
朋友在Excel里做了个超细致的表格，甚至还有品牌名。
这是在工作吗？
但这并不能杜绝忘带的情况发生！
以前露营时
开车时
……
啊！
如梦初醒
帐杆没带！
突然想起来忘带帐杆，买了根竹子将就。
建材超市
这里是！
竹竿
忘带东西也镇定自若！
结局圆满……
天才
←朋友
沉迷露营后，感觉自己脸皮变厚了。

提前准备好，烹饪不慌张

上公开课时经常会被问到『露营时怎么做饭』。
没错！露营的一大乐趣就是烹饪！
但是，其实……我不太懂烹饪！
太不好意思了！
因此单人露营时，通常只做烧烤。
简单！
用炭火烤肉串即可！
不过好想吃美味的露营餐啊！
!!
想做！
而且还想做给大家吃，想被夸奖！
做了唯一拿手的辣味咖喱招待朋友。
使用三种香料，简单制作咖喱。
孜然
香菜
姜黄
洋葱
番茄
大蒜
生姜
鸡肉
今天
我要做……
做饭。
辣味咖喱！
好耶——
咦？能行吗？
开始烹饪
期待
哇——鸡肉咖喱，好开心！
我也喜欢吃辣味咖喱——
0.5小时后
炒洋葱很关键！
认真
嘶——
开始聊天
1小时后
……
哗啦
哗啦
哈哈哈

超级孤独！
炒洋葱
花太多时间了！
沉迷烹饪就会这样。
解决办法就是
提前准备！
并不是完全做好。
切好食材
调配好调味料
提前腌制
事先做好准备工作，露营当天会比较轻松。
只用烤就行！
无须菜刀
减轻清洗负担
还可以腌好即食的小菜！
出发前一天没时间准备。
下班回到家
没力气干活了
想给你推荐的是……
铁板烧、火锅，大家一起烹饪、一起享用！
围坐在一起烹饪，也不会让『主厨』感觉孤单，是个不错的选择。
某次的
烤肉露营
好吃！
嚼——
接下来吃这个。
闲话小叙
如果是单人露营爱好者组队，可以分开做饭。不用顾及其他人，轻松独自享受。

出发前一天

看看天气预报吧

注意点

风速

在城市里生活，平时很少体验到风，因此很容易忽视。

风速超过6m/s就要重视。

最大风速可能达3倍以上。

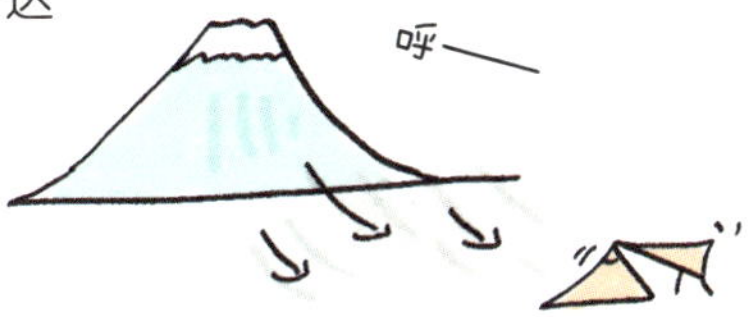
在高原或无避风遮挡物的地点，要提高警惕！
呼—

风速10m/s～15m/s时没办法撑伞，一些地方风速4m/s就要留意了。

风
房子避风好厉害！

注意点

温度

露营地海拔越高，气温越低。

只考虑平原气温的做法很危险！

海拔每上升100m，气温就下降0.6℃。

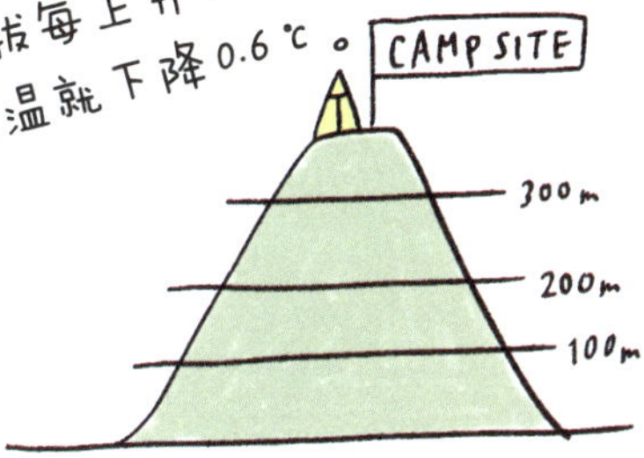
CAMP SITE
300m
200m
100m

不同季节情况不同，春天温差大，需要注意。

雨天也要注意降水量。

雨中露营很有意思，但如有暴雨预警（20mm左右），最好取消计划。

相反，在1～2mm的小雨中露营，会很有趣！

与大自然和谐相处，安全愉快地露营吧！

装备都带齐！

露营物品清单

出发前一天，为了不忘带装备，做了清单！

必需品

画"√"确认吧！

- □ 帐篷
- □ 睡袋
- □ 地垫
- □ 桌子
- □ 椅子
- □ 手提灯/照明
- □ 篝火架 火钳 战术手套等
- □ 炊具
- □ 燃气炉
- □ 盘子、杯子、餐具
- □ 厨具

锦上添花的物品

- □ 垃圾箱
- □ 保温箱包
- □ 枕头
- □ 天幕 & 帐杆
- □ 野餐垫
- □ 露营灯杆、挂架
- □ 辅助桌・架子

还想再带点的话

- □ 吊床
- □ 行军折叠床等

容易忽略的必需品

- □ 垃圾箱（袋）
- □ 厨房用纸
- □ 湿巾
- □ 洗涤套装
- □ 电池
- □ 锡纸
- □ 手绢・毛巾
- □ 洗护套装
- □ 防寒衣物
- □ 打火机
- □ 助燃材料
- □ 急救用品

第2章

出发，去露营！
实践篇

不要“掐点”出发

有一次露营时
早上
在刷短视频
哈哈哈……
啊！
天哪！已经这个点儿了。
经常去露营的话，早上很容易迟到！
露营地在附近的话……
想要准时到达入住时间的话，最好提前一些，不要『掐点』出发。
家
7:00
出发
9:00
MARKET
去超市购物
10:00
CAMP
到达露营地
一些露营地比较火爆，入住时间段可能会拥堵。
长队——
迟到好久！
给朋友打电话
抱歉，我们晚点集合可以吗……
当然，晚一点入住也是OK的。
只要不是拖到傍晚，基本没有严格的时间限制。
那就出发吧。
可以事先准备好装备，当天全部一起装车。也可以分批先放到车上，出发的时候会更轻松！
我一般只会把食物和衣物留到当天装车。
家到停车场有一段距离，
每次少带一些比较轻松。

啊，快没油了！
去加点吧。
一些露营地附近的加油站很少，提前加好油！
有过惨痛教训
没有加油站！
全是山区！
嗖——
可以自带主要食材。
小菜
面包
机会难得，不如顺道去服务区，买一些当地特产吧！
嗨！
便利店
太——慢啦！我都买好东西了。
集合
抱歉
到达露营地之后，
首先去管理处，
前台
和酒店入住登记基本一样。
我之前预订过。
好的，请在这边登记信息。
写下姓名等
管理员会提供营地地图，介绍洗手间和水房、
厕所在……
垃圾要……
垃圾分类、一些区域的开放时间等，管理员介绍露营地规定时，要认真听！
每次都要说这么详细，真不容易……
登记完毕，马上开始露营吧！

到露营地先做什么

河流
营地
道路
哇！这就是今天的营地。
在这里搭帐篷吧！
朋友
我
营地面积不小呢。
到达营地后……①确认地面。
避开倾斜的地面
积水的小坑
有沟的地方
如果有大石头就挪开。
那就开始搭帐篷吧！
你在干什么！
测量倾斜度。
基本平整！
吓一跳
②考虑营地布局。
面水而居，河景绝美！
面朝这边吃饭吧！
但是又想听着溪流声午睡。
天幕和帐篷能并排在河边吗？
布局诀窍
防晒的天幕 = 客厅
帐篷 = 卧室
这两个关键部分的布局诀窍就是
景观与活动路线 + 私密性

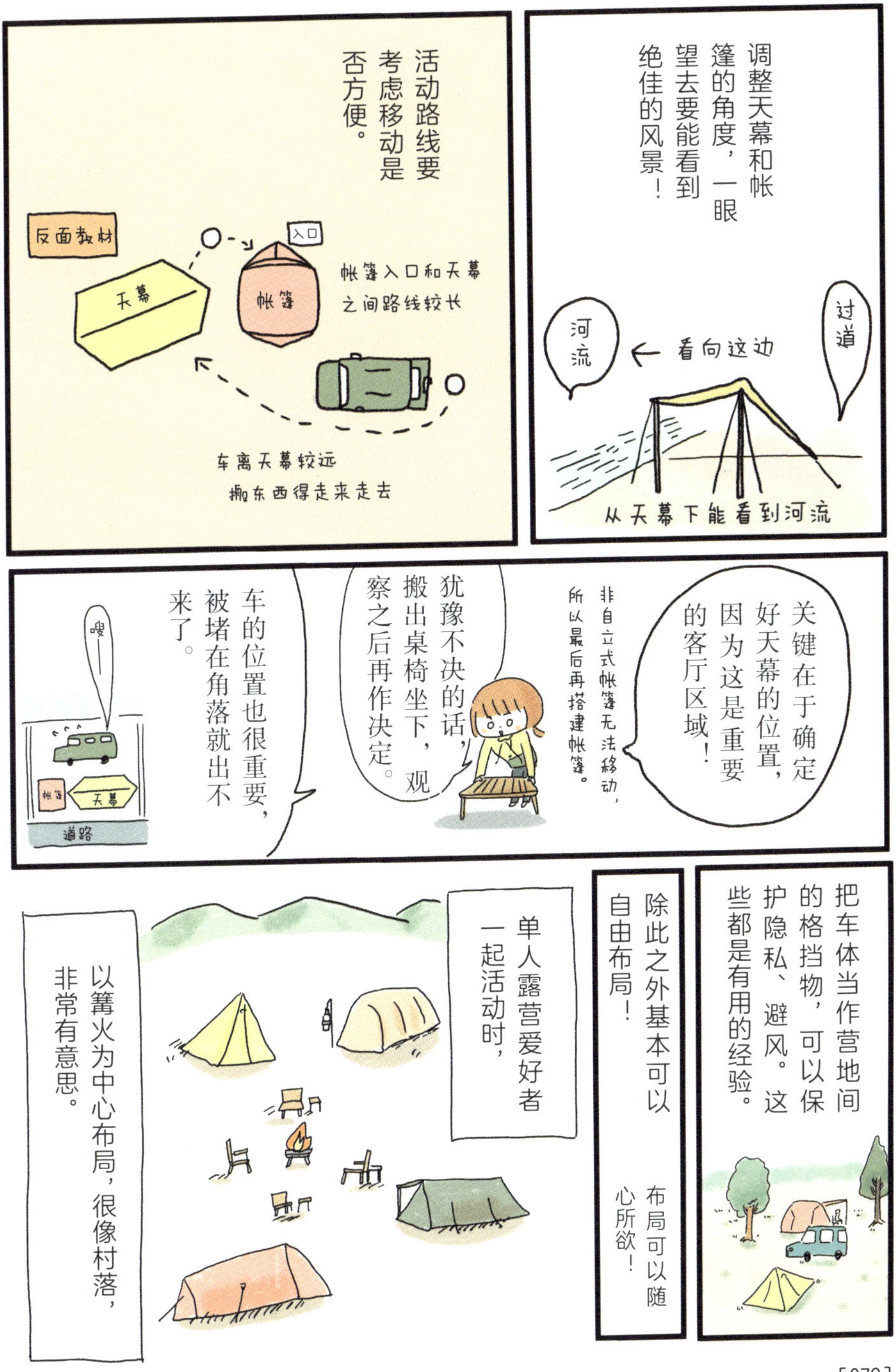
调整天幕和帐篷的角度，一眼望去要能看到绝佳的风景！
过道
看向这边
河流
从天幕下能看到河流
活动路线要考虑移动是否方便。
反面教材
入口
天幕
帐篷
帐篷入口和天幕之间路线较长
车离天幕较远
搬东西得走来走去
关键在于确定好天幕的位置，因为这是重要的客厅区域！
非自立式帐篷无法移动，所以最后再搭建帐篷。
犹豫不决的话，搬出桌椅坐下，观察之后再作决定。
车的位置也很重要，被堵在角落就出不来了。
嗖——
天幕
道路
把车体当作营地间的格挡物，可以保护隐私、避风。这些都是有用的经验。
除此之外基本可以自由布局！
布局可以随心所欲！
单人露营爱好者一起活动时，
以篝火为中心布局，很像村落，非常有意思。

本次的布局
河流
树
树
天幕
帐篷
车
道路
想要这样的布局……
小学生秘密基地吗？
树枝
你开心就好……
画在地上
营地建设
先搭天幕！
噔噔——
好好研究下客厅位置！
嗯，下午好像会下小雨，需要挡雨呢。
虽然天幕不是必需品，但可以增加私密性，防止装备被露水打湿，好用又方便。
挡住人来人往的道路
天幕的尺寸和种类多种多样。
材料有纯棉、涤纶等。
纯棉较重、体积大，但面料厚实，遮光性强。
非自立
四角天幕（长方形）
有多种搭建方式，有辅助杆更佳。
增加辅助杆，扩大帐内面积。
仅使用两根基础帐杆。
六角天幕
两根帐杆就能牢固支撑，较为宽敞。
蝶形天幕
适合轻量装备爱好者，单根帐杆支撑，露营、徒步都可轻松驾驭。
自立帐篷
自立
防蚊虫
简易搭建
网纱式

大致顺序
开头很关键
天幕
地钉
防风绳
平行
45°
45°
45°
45°
帐杆
长度等于帐杆
① 展开天幕，帐杆夹角 45° 处打地钉。
② 立起一侧帐杆。
③ 立起另一侧帐杆。
搭建自立式天幕无须技巧，十分简便。但考虑轻便性的话，推荐非自立式。
收纳
猫
非自立
自立
平整
最佳状态
帐杆要垂直于地面或略向内倾斜。
最后再放辅助杆。
防风绳要拉紧。
帐篷怎么皱巴巴的？
嗯……打 60 分
咚
终于搭起来了！
自己一个人搭的！
就是……熟能生巧
怎么样？
技巧源于经验
好厉害！有什么技巧吗！
要怎么搭呀？
嗯？技巧？
嗒嗒
完成！
在观景侧撑起辅助杆。
哇——

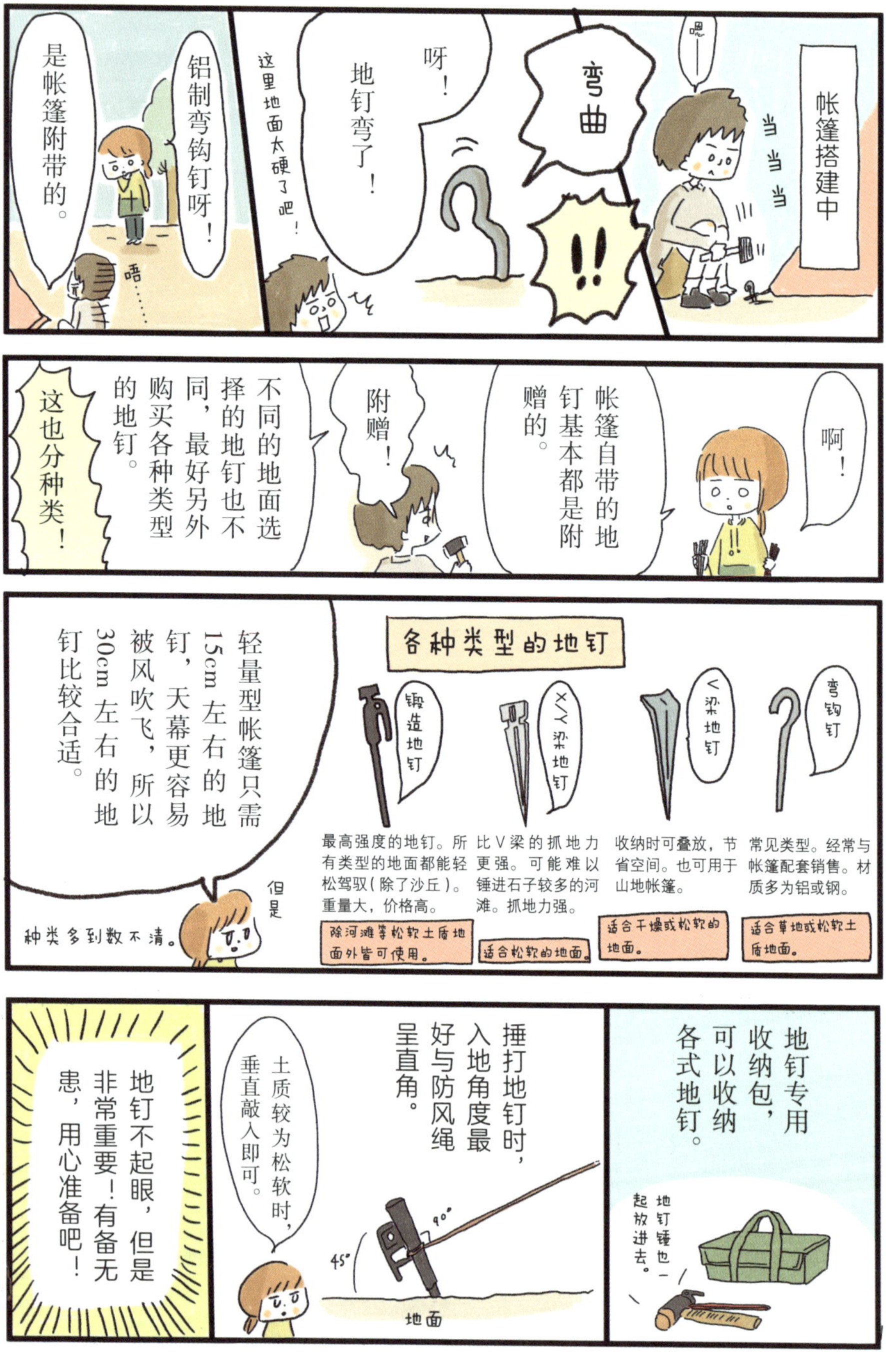
帐篷搭建中
当当当
嗯——
弯曲
!!
呀！地钉弯了！
这里地面太硬了吧！
铝制弯钩钉呀！
是帐篷附带的。
唔……
啊！
帐篷自带的地钉基本都是附赠的。
附赠！
不同的地面选择的地钉也不同，最好另外购买各种类型的地钉。
这也分种类！
各种类型的地钉
弯钩钉
常见类型。经常与帐篷配套销售。材质多为铝或钢。
适合草地或松软土质地面。
V梁地钉
收纳时可叠放，节省空间。也可用于山地帐篷。
适合干燥或松软的地面。
X/Y梁地钉
比V梁的抓地力更强。可能难以锤进石子较多的河滩。抓地力强。
适合松软的地面。
锻造地钉
最高强度的地钉。所有类型的地面都能轻松驾驭（除了沙丘）。重量大，价格高。
除河滩等松软土质地面外皆可使用。
轻量型帐篷只需15cm左右的地钉，天幕更容易被风吹飞，所以30cm左右的地钉比较合适。
但是
种类多到数不清。
地钉专用收纳包，可以收纳各式地钉。
地钉锤也一起放进去。
捶打地钉时，入地角度最好与防风绳呈直角。
90°
45°
地面
土质较为松软时，垂直敲入即可。
地钉不起眼，但是非常重要！有备无患，用心准备吧！

帐篷形状不同，搭建方法也不同。
外帐
内帐
帐杆
粗略分为这三个部分。
大致顺序
① 摊开内帐。
② 插入帐杆。
按
③ 让其自立。
插
④ 盖上外帐。
牵拉防风绳，
捶打地钉
帐杆数量和构造各不相同，比如有一些要从外帐开始搭，有一些又没有外帐。但是只要熟悉了经典款，其他就可以举一反三了，那么先从经典款开始吧……
嘟嘟 囔囔
你在自言自语什么啊？
哗——
!!
突然风好大！
唰
唰
嗯？只是这一阵风比较大吧，我们等风变小再搭。
哗啦
嗯？
永别啦——
帐篷收纳袋被风吹走了！收纳袋、提包要放在不易被风吹走的地方！

搭建天幕和帐篷时的要点
•风大时不要强撑（尽早使用地钉）
•留神袋子容易丢失
好嘞，风停了，重新开始搭帐篷。
把帐杆接起来。
咦？
嗯？
？
哐
帐杆杵到车上啦！
你怎么一脸呆样？
？
搭建时的要点
不要吵架，友好协作吧。
喳喳
叽叽
你才呆呢！

某一天

营地的布局

营地布局可以随心所欲！按照自己喜好，创造属于自己的舒适空间吧。我的原则是简单。

我喜欢以篝火为中心的悠闲风格。

简朴的单人露营风格
习惯在天气晴朗时省去天幕，
在下雨时使用天幕。
适合懒散的我
POINT
靠垫套里装着睡袋
帐篷里铺上一块喜欢的毯子，就有家的氛围了！
POINT
食物
桌子
自己
收纳箱
篝火
"被炉"风格就是把所有东西都放在自己周围，寸步不离就可以享受美食和篝火。

CAMP 实拍照片

一次露营之旅

因为每天都辗转于各个露营地之间，为了方便搭建和收纳，选择了极简风格。只要能在椅子上悠闲发呆、在帐篷里安稳睡觉就足够了。

一次单人露营之旅

照片上花哨的椅子是折叠式的，打开就能使用，而且很轻便，我很喜欢。折叠桌也是展开即用的，轻巧便携，每天搬运也不觉得辛苦。

和朋友围着篝火露营

和朋友去露营时，各自带着自己的单人帐篷，围着篝火搭建。

人数增加的话，就会形成一个小小的“村落”，很有意思。虽然大家一起在大帐篷里宿营会很欢乐，但是我更喜欢这样的风格！

比帐篷更舒适！
吊床宿营的搭建方法
天幕不仅可以防晒，还可以防虫（因为树上会有虫掉下来）。
放手机等物品。
睡觉时卸下帐杆，放下天幕。
选择高度合适的椅子放水杯，躺下时伸手就能拿到。
close
睡觉时

偶尔试试不一样的宿营，乐趣十足

找到树林里可以悬挂吊床之处，就能享受这种露营的乐趣啦。在吊床上张开天幕，就能营造私密空间。其实那天我不小心忘带帐篷了，多亏吊床给我留下了愉快的回忆。

享受时光，乐趣无限

搭建完毕！
搭建好了之后，就一直在发呆。
那……
露营还可以干吗？
你想干吗？
你问我吗？
想BBQ、开车兜风，我还带了桌游、飞碟和羽毛球！
喋喋不休
一天时间没办法玩这么多吧？
啊——
虽然我懂你的心情，什么都想做……
但是，特别是新手，只是做好露营的事就已经筋疲力尽了。
搭帐篷
还要做饭
疲惫不堪！
只做这些事也很开心！
一开始露营，从『篝火』『观星』中选一个主题，会比较轻松。
露营经验增多后，再体验更多娱乐方式吧。

你喜欢什么样的露营啊？
嗯？
嗯……
我体验过很多风格的露营……大概分两种吧。
风格一
懒懒散散型露营
搭建完毕
呼——
坐下
啪嗒
干——杯！
咕嘟
哈——
好喝——

唰
唰
风好舒服。
树叶飘落
对了！
来读这本书吧。
人性的弱点
畅销书
这本
翻开
内容有点晦涩，在家没能读完。
但露营时就能静下心来，
感觉这次能顺利读下去！

红酒和
熏制花生
认真
原来如此……
呼——
身体都僵了
脖子好痛……
咔嚓咔嚓
想稍微躺一下……
吊床
哇——吊床最棒了！
好——幸福！
被包围的感觉，仿佛回到妈妈肚子里！

噼噼啪啪
黑漆漆
不要小看幼儿看的动画片！
老爸！
用手机看电影
唔。这个电影看多少遍都想哭！
……
这就是懒懒散散型的露营。
虽然好像什么都没做，但觉得今天好开心啊。
对呀
对呀
哈～
噼噼啪啪……

翻翻漫画，看看电影。
嗯……
把在家里做的事情带到户外。
我称它为『室内露营』！
竖大拇指
接下来介绍『户外露营』的一天！

风格二　积极主动型露营

太好了！一直都很想看看这座山，
终于梦想成真了！
虽然有点重，不过还是带上单反相机吧！
嗯！
咔嚓
咔嚓
咔嚓

哗啦
登顶！
哇——果然很棒！
风景绝美！
唔
轰隆隆
!!
咦？难道是打雷了？
糟糕，快点下山吧。

唰
赶快冲去温泉！
轰隆隆
湿透
太
太冷了！
没被雷击中，但是变成了落汤鸡……
呼——
复活了！

接下来就回露营地来罐啤酒吧！
嘿嘿嘿
天幕
天幕下搭帐篷
我回来啦。我可爱的小帐篷！
咔
唰
咕嘟
呼——
好棒好棒！
啊，天晴了！

啊，今天爬的那座山真不错啊！
呆
露营的时候还能看到爬过的山，太棒了！
顺便点个篝火吧！
噼啪
噼啪
嗯，果然……
醉了
篝火也好，山也好，露营也好，我都好喜欢。
敬高山和露营！
!!!

哇——露营+登山。
听起来很不错！
除此之外，还可以到景点转转，或是骑单车，或是泡温泉、尝美食……有很多乐子呢。
刚刚也说过，一次露营想全都做就太贪心了！
露营时不存在『不得不做的事』！
什么都不做，也没人会生气，
可以自由享受属于自己的时光！
露营与娱乐的组合
休闲派
吊床 篝火 酒 散步
室内派
读书 电影 速写 自然材料小手工
运动派
徒步 桨板 垂钓 皮划艇 飞盘
其他
摄影 桑拿 观鸟 温泉 桌游

防虫措施

春夏露营时，开心之余必须防虫！吸血蝇和牛虻比蚊子恐怖得多，叮咬后症状因人而异，可能会出现肿痛、发烧等症状。为了能尽情享受露营，要做好防护！

某些材质的服装有防虫功效。

一些面料的纤维经过特殊处理，可以防止害虫入侵。

不能自由地裸露肌肤，必须忍着！尽量穿厚一点的紧身户外裤，因为薄款连裤袜防不住虫子的叮咬。

尽量不露出肌肤！

虫子们瞄准了这个漏洞

脚踝很容易被攻击，不能因为穿了长裤就疏忽大意！穿长一点的袜子吧。

防虫喷雾要仔细喷匀！

推荐薄荷油

与普通防虫喷雾相比，薄荷油防吸血蝇和牛虻的效果更好，可用纯净水稀释后使用。

一些蜡烛也有防虫效果。

蚊香要选择专业款。

吸血蝇和牛虻不再靠近！

吸血蝇

多见于春夏水坑旁的杂草丛里，早晚较为活跃。

牛虻

多见于夏季湿地，被叮咬后会很疼，容易被黑色吸引。

被咬了之后……

① 在发痒之前，用毒液抽取器吸出毒液！

② 涂抹药膏。

③ 继续恶化的话就去医院！

夏季露营缺不了它！

山 × CAMP

露营的娱乐多种多样

如果登山口附近就有露营地，那登山和露营就可以两不耽误了！难得离山这么近，试着从简单的小山开始挑战吧。

露营地拍摄的照片。明天就去爬那座山！

要爬这座山

今日营地

下山时突降暴雨，浑身湿透，冷得发抖，赶紧跑回营地。幸好提前搭好了天幕！今天就一边眺望爬过的山，一边小酌一杯吧！

秋季去露营也很棒！如果露营地周围有林间小道或是难度较小的徒步路线，可以去体验一下。随便走走，饭也会比平时香！

好开心！

野鸟×CAMP

我最近沉迷观鸟，会带着望远镜和《野鸟百科全书》到山林里转悠。慢慢熟悉野鸟的相关知识后，即使是在非常熟悉的森林，也能辨认出没有注意过的鸟鸣，发现鸟儿的身影！意识到露营地住着很多野鸟，能感受到“大自然中的生命”，同时也慢慢学到了很多花草树木的知识。以后我的目标就是更加了解自然。

河流×CAMP

大概三年前买了一套充气橡皮艇装备，让朋友带我体验了一把河流之旅，之后就彻底迷上了。虽然也很想试试皮划艇，但是充气艇可以放到背包收纳，轻便易携带。水上娱乐伴随着危险，请事先了解相关知识，好好学习准备。

桨板、皮划艇、垂钓也很不错。

桑拿×CAMP

桑拿毛巾浴帽
很实用！

还可以在露营时
享受雪中桑拿

还活着！

桑拿和露营也是天生一对！朋友自己买了桑拿帐篷，现在一些露营地也配有桑拿房，可以多种方式享受露营与桑拿。最棒的是泡澡时欣赏着湖泊、河川，感受着自然之美入浴。因为太好奇了，前几年跑到芬兰体验了一次正宗的桑拿露营。

滑板×CAMP

滑板

如何利用营地和周围的地形来娱乐呢？思考这个问题时，我恰巧与滑板相遇了。在平地上玩很有趣，对新手很友好，与露营很搭。

在富士山前玩滑板！

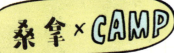

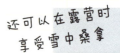

美食×CAMP

转转转

猪肋排要小火慢烤

烟熏手撕猪肉

说到露营，肯定有很多人会想到美食吧！我喜欢在露营时定一个“美食主题”！

“纯 BBQ 露营”“‘文字烧’露营”“辣味咖喱露营”“回转烤肉露营”“赏美景吃早餐露营”……主题定好之后，娱乐性就大大提升，可以体验与平时不同的露营。

最让人兴奋的，就是露营时的篝火烤肉。慢烤出来的肉，会带有一些烟熏味，十分美味。

还可以做盐焗肉、利用篝火的地热烤肉……有了灵感就尝试上手，“认真地玩”就是让露营更快乐的窍门！

主题露营

只要主题明确，雨中露营也乐趣满满！

烹饪的无穷乐趣

啊，肚子饿了。
咕噜噜
啊，尝尝吗？
我做了紫菜包饭。
唰
哇！
你还给我做了一份吗？
心动
我一直以为露营时每餐饭都要现场做呢。
或者每次都BBQ
两天一晚的话，就是午餐、晚餐和早餐……
才不是呢！只做一餐就已经够麻烦了，其实还可以买熟食，
或去餐厅，或提前打包好食物。
某次露营的故事
从这里开始讲
我
第一次来这个露营地，还不错呢。
有木制的大平台呢！
呼，终于搭好了！喝起来！
咔嚓
肚子饿了，与其喝酒，不如吃刚刚买的东西呢。
肚子快饿扁了

哇——♡
寿司
寿司！可是这里不临海啊！
因为露营时会想吃生食啊！
哇——
还以为是沙拉之类的……
竟然……
不尝尝当地的美食和美酒怎么行？
当——
当地啤酒，应该搭配当地人做的腌菜。
在服务区购买
当——
看起来好好吃！让我尝一口！
我买了这个，这个露营地竟然卖本地产的威士忌！
锵锵
一整瓶！
好厉害——
露营当天的午饭可以在高速路的服务区解决！
在当地的超市或服务区各自选购不同的食物，三个人一起享用！
轻松乐享美食吧！

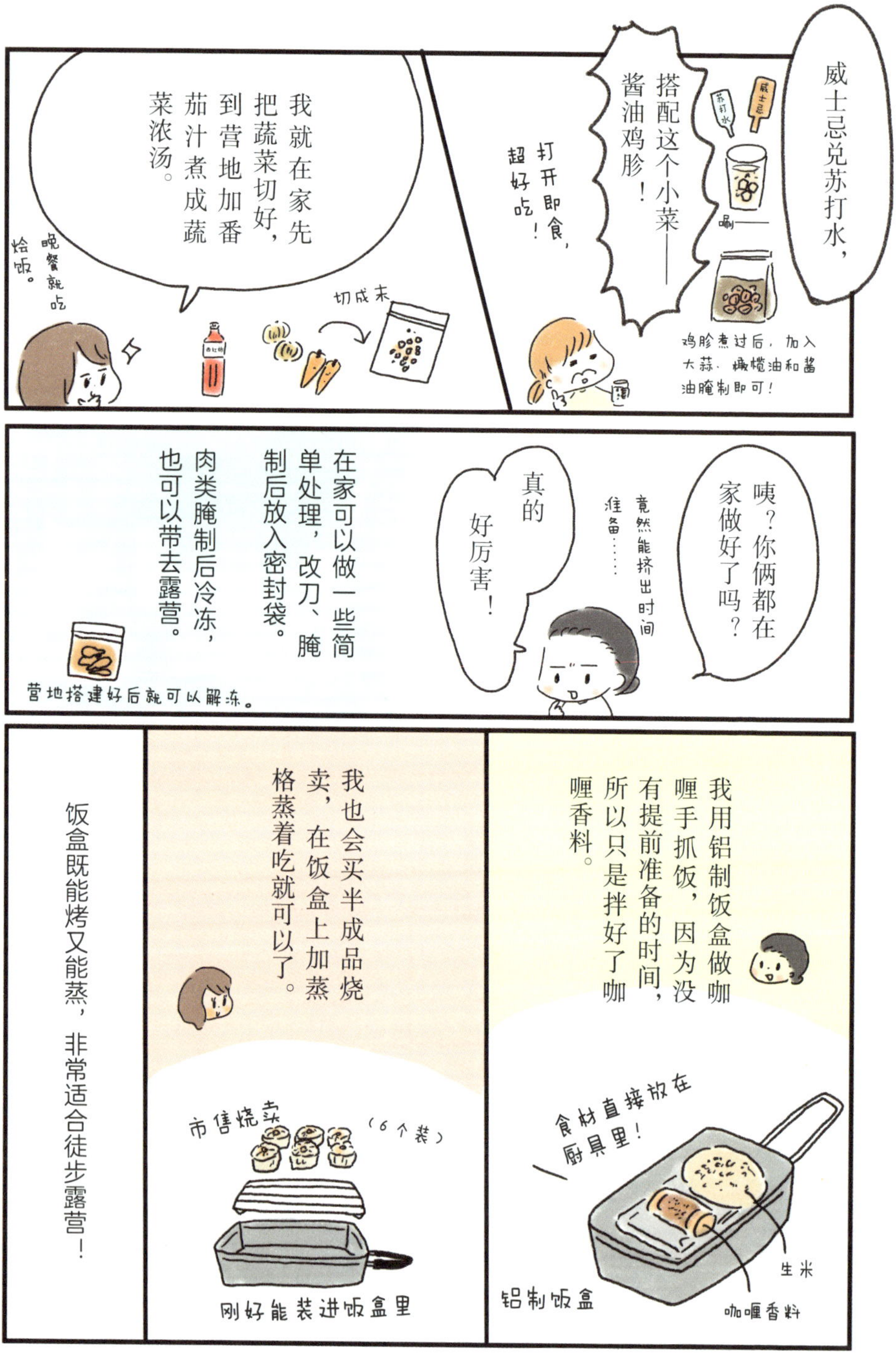
威士忌兑苏打水，
搭配这个小菜——酱油鸡胗！
威士忌
苏打水
唰——
打开即食，超好吃！
鸡胗煮过后，加入大蒜、橄榄油和酱油腌制即可！
我就在家先把蔬菜切好，到营地加番茄汁煮成蔬菜浓汤。
切成末
晚餐就吃烩饭。
咦？你俩都在家做好了吗？
竟然能挤出时间准备……
真的好厉害！
在家可以做一些简单处理，改刀、腌制后放入密封袋。肉类腌制后冷冻，也可以带去露营。
营地搭建好后就可以解冻。
我用铝制饭盒做咖喱手抓饭，因为没有提前准备的时间，所以只是拌好了咖喱香料。
食材直接放在厨具里！
生米
咖喱香料
铝制饭盒
我也会买半成品烧卖，在饭盒上加蒸格蒸着吃就可以了。
市售烧卖
（6个装）
刚好能装进饭盒里
饭盒既能烤又能蒸，非常适合徒步露营！

其他炊具

套锅

平底锅的成套组合，除了常规款式，还有山地常用的筒锅。这种锅可以卸下手柄，便于收纳。

荷兰炖锅

可以和篝火搭配，带盖且厚实，可以烤、煮、蒸，被称为『万能锅』。

煎锅

将炖锅做成了平底锅的样子，可代替餐盘使用，拍照很出片，还能给食物保温。

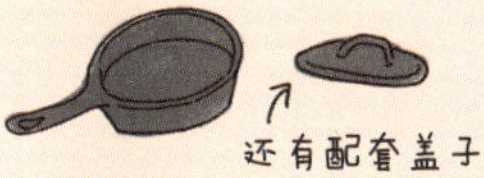
还有配套盖子

烧水壶

专门用来烧水。

可以和其他炊具叠放的款式。
装进去
迷你尺寸
可以架在篝火上。
烧水壶

铁板/烤盘

最近几年迷你尺寸厨具很受欢迎。

和炭火、篝火是绝配。

想吃美味烤肉，就带这个装备！

煎荷包蛋和香肠，既饱口福又饱眼福。
有各种尺寸和形状

双面夹锅

不仅可以烤面包，还可以煎烤米饭等食材。

三明治大厨
只需要夹住喜欢的食材放在火上就可以！

熏烤炉

最近也有一些小型产品。

食材
烟
烤网
木屑
火

呀！感觉还是挺冷的。
太冷了，所以戴上了针织帽。
这个季节太适合点篝火了。
你在做什么？
嘿嘿嘿——
在用木菜板隔火熏烤三文鱼！
听起来好好吃！
木菜板熏烤
噔——
大块三文鱼撒上盐、胡椒，摆上柠檬、小番茄。
木菜板
杉木板浸水后，架在篝火上，放上食材，再盖上锅盖（铝制）。
唰唰
人手一个篝火
嘿嘿
这又是在做什么？
用铁网笊篱烧烤。
烟熏味很不错！
铁网笊篱烧烤

啊！
尝尝吧。♡
哇，好好吃！
蔬菜好鲜甜——
嗯……怎么说呢？
可能是和平时烧烤的火源不一样吧，普通火和篝火烤出的味道完全不一样！
普通的鸡肉串都能烤出餐厅里的味道！
我不会是个烹饪天才吧？
只是烤了一下而已……
本地蔬菜也太好吃了！
确实，到了夜里，比起燃气炉，篝火才是主角！
在篝火上煮的汤也完全不一样！
篝火有魔力！
悠闲露营时，可以试试用篝火或炭火烹饪，既有趣又美味！（但是篝火的火力难以控制，相比之下，炭火更稳定，烹饪起来更容易。）

杜绝浪费！露营烹饪的未来

仔细想想
露营时经常这样做！
没怎么认真做过饭呢
嗯……感觉露营烹饪还挺随心所欲的。
但是
重点在于不造成浪费、不产生太多垃圾、尽量避免麻烦。
一开始总是会买太多食材。
嗯……但是真的挺难做到的。
且不说自己，同伴的饭量也不好掌握啊。
我吃得少。
真的吗？
确实，我有时故意不去考虑早餐的食材，或是只买一点点食材搭配晚餐的剩菜。
放在面包上
乌冬面
加入
剩下的汤
最近，
我发现了一件很厉害的事情。
嗯。
啊！
什么？什么？

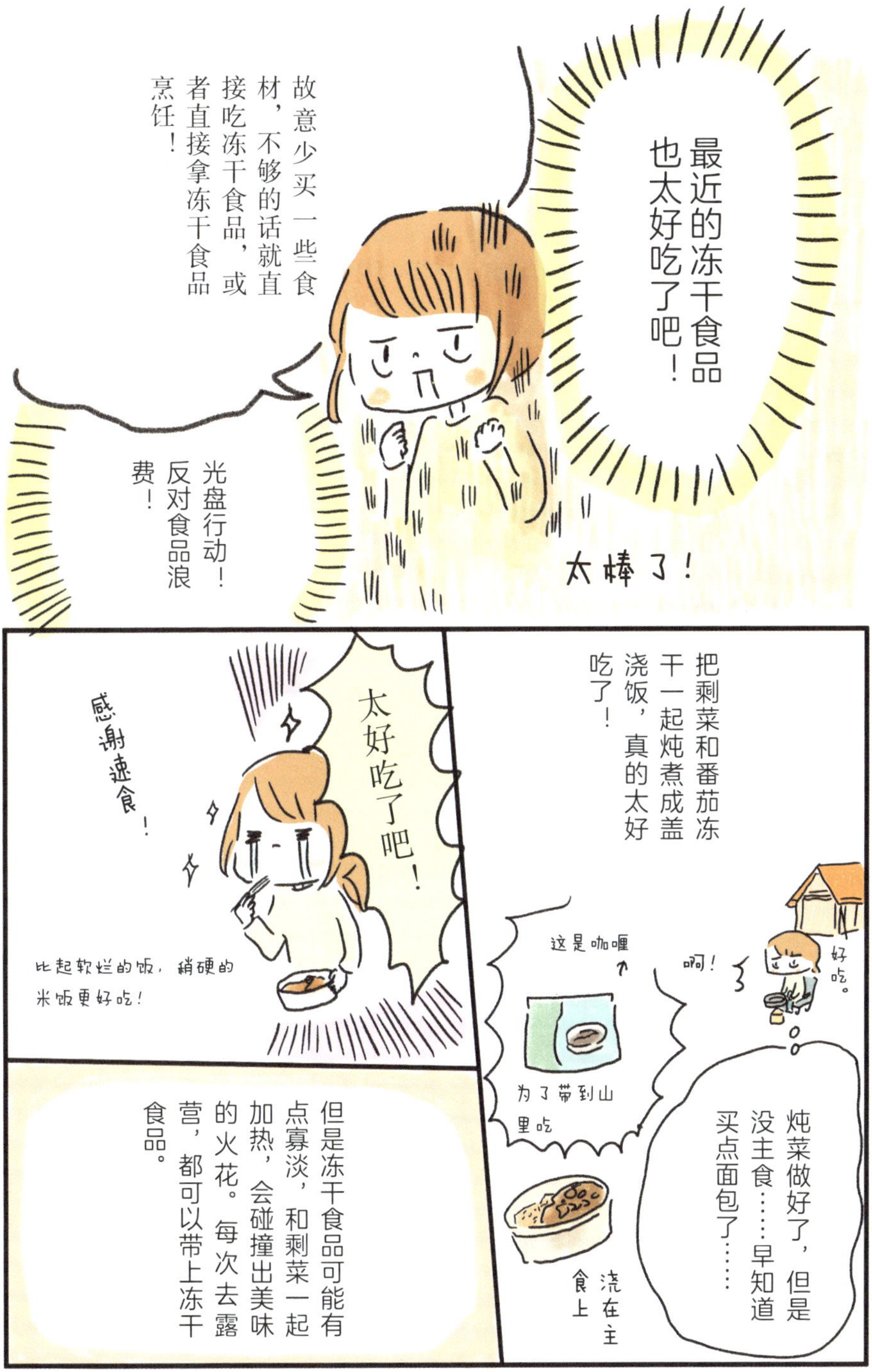
最近的冻干食品也太好吃了吧！
太棒了！
故意少买一些食材，不够的话就直接吃冻干食品，或者直接拿冻干食品烹饪！
光盘行动！反对食品浪费！
把剩菜和番茄冻干一起炖煮成盖浇饭，真的太好吃了！
好吃。
啊！
这是咖喱
为了带到山里吃
炖菜做好了，但是没主食……早知道买点面包了……
浇在主食上
太好吃了吧！
感谢速食！
比起软烂的饭，稍硬的米饭更好吃！
但是冻干食品可能有点寡淡，和剩菜一起加热，会碰撞出美味的火花。每次去露营，都可以带上冻干食品。

菜谱推荐

说实话，虽然有十年露营经验，但我还是不善于做饭。

（大家都说我做的菜像沼泽。）

给大家介绍“沼泽美食家”也能做的菜肴。

超级简单！大家肯定做得比我好！

小菜篇

蒜香酱油橄榄油腌鸡胗

食材用量

鸡胗（按个人喜好，10～20个）

酱油 } 按照1：1倒入食品密封袋，要刚好没过鸡胗。
橄榄油

蒜片　（按个人喜好）

① 鸡胗对半切开，改刀后更入味。

② 煮熟。

③ 在食品密封袋内加入等量的橄榄油和酱油，趁鸡胗还热着，在袋子里放入鸡胗和蒜片腌渍5～6小时。

只需穿起来！

前菜小串串

食材用量

按个人喜好准备芝士、橄榄、小番茄、牛油果、生火腿等。

① 可以自由选择芝士等，搭配橄榄、小番茄等食材，用可爱的小扦子穿起来！

可爱就是王道！

和朋友团体露营时可以快速准备。

有点奇怪的菜谱

用红茶焖熏

想熏肉的时候突然发现忘带木屑，只好慌慌张张用红茶代替。

推荐专业焖熏锅。

材料

红茶　1 个茶包的量

砂糖　1 大勺

鸡胸肉　1 块

① 将砂糖和红茶混合放入盘子，也可以加入迷迭香。

架在火上

② 鸡胸肉擦干水，撒上盐、胡椒。

③ 

盖上盖子，把①架在火上，焖熏 0.5 小时。

大豆酱

很健康而且很好吃！可以搭配塔可饼、塔可脆片，也可以搭配芝士和沙拉。

材料

大豆　1 袋

番茄罐头 1/2（切碎或整颗去皮皆可）

洋葱　1/2 个

盐、胡椒适量

香菜碎　1 小勺

辣椒面　1 小勺

浓汤宝　1 块

蒜泥　半小勺

橄榄油　1 大勺

有香辛料做什么都好吃。

① 平底锅里加入橄榄油和大蒜炒出香味。

② 加入洋葱碎一起炒。

③ 加入番茄罐头、大豆、浓汤宝，煮 10 分钟。

④ 按照喜好加入辣椒粉，再用盐、胡椒进行调味。

露营前一天可以先把酱汁准备好。

晚餐篇

露营晚餐想做点好玩的！给大家介绍一些平时不怎么做的菜肴，摆盘拍照也会很好看！

平底锅和三种香料制作的黄油鸡肉咖喱

材料

洋葱　1个
鸡腿肉　150g
酸奶　100g
番茄　1个
蒜泥　半小勺
姜泥　半小勺
黄油　10g
水　100mL
盐、胡椒　适量
孜然、香菜碎、姜黄粉　各1小勺
根据喜好加入辣椒粉

① 平底锅里加入黄油、蒜泥、姜泥翻炒。

② 加入洋葱翻炒至焦黄色，猛火炒到快要焦煳。

最后觉得味道淡的话，加适量盐！

③ 番茄改刀后加入锅中，中火炒一会儿。

调味关键在盐，加多少香料，味道都不会变的。

④ 加入盐、胡椒等香辛料。

⑤ 加入鸡肉、水、酸奶煮10分钟。

推荐浓稠一些的酸奶，酸奶油也可以。

简单小配菜

只用喜欢的香辛料煸炒蔬菜就可以了！

材料

自己喜欢的蔬菜
蒜泥　半小勺
姜泥　半小勺
姜黄、孜然　各1小勺
辣椒面　按个人喜好
盐　适量

平底锅里放入橄榄油、姜泥、蒜泥炒出香味，再加入自己喜欢的蔬菜和香料煸炒。

咖喱变成固定菜品了！

蔬菜要分开炒！

炒太久的话，香料的香味会流失。

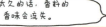

\\ 简单烧烤的幸福 //

平底锅＋锡纸，简单烹饪烤牛肉

材料

- 牛肩肉　1 块
- 盐、胡椒　少许
- 迷迭香等香草　按个人喜好

① 给肉块均匀涂抹盐、胡椒（也可加入香草和香料）。

② 平底锅内倒油，牛肉大火煎烤至整体表面焦黄。烹饪时间约 5 分钟，不过也要看肉块的厚度。

③ 马上用两层锡纸包起来。

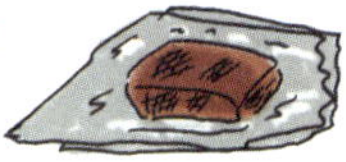

④ 再用毛巾裹起来。

尽量在暖和的地方放置十分钟。

酱汁

红酒
酱油
红葡萄酒醋
盐、胡椒
橄榄油
蒜片

用平底锅加热至酒精挥发即可！

⑤ 制作酱汁，把牛肉切成小块。

就算变凉也很好吃，第二天早上可以做成烤牛肉盖饭。

谁都能做出来的西班牙海鲜饭

材料

米 1 量杯	红椒 1/2 个
姜黄粉 1 小勺	小番茄 3 个
盐 适量	虾 3～4 只
罗勒 适量	蛤蜊罐头 1 罐
浓汤宝 1 块	橄榄油 少许
水 200mL	

① 用加了姜黄粉的水浸泡大米。

② 加一些切好的蔬菜、虾仁、蛤蜊，蛤蜊罐头汤也全倒进去，再放入浓汤宝。

③ 架在火上烹煮米饭。

④ 撒上罗勒就完成啦。

虾仁上撒点盐，有白葡萄酒的话也可以加一些。

铝制饭盒烹饪更简便！

早餐篇

关键就是利用好前一天剩下的食材，但有人会觉得这样不够好玩！给想要更多乐趣的露营家推荐这些菜肴！

吉卜力风早餐

篝火烹饪，
美味加倍！

正因为是早餐，才不慌不忙，悠闲享受。

材料
- 鸡蛋 每人一个
- 熏香肠（或培根） 每人一根
- 面包
- 迷迭香 1根
- 盐 少许
- 胡椒 少许
- 橄榄油 1大勺

平底锅里打入蛋，放入熏香肠、迷迭香，撒上盐、胡椒，煎至焦香！

面包轻微烘烤，盖上鸡蛋和香肠，是幸福的味道。

配上一杯精心冲泡的咖啡！

青花鱼三明治

偶然发现的神级菜谱！

上电视节目时收到明星好评，让他帮忙起了这个名字。

材料
- 羊角包 1个
- 青花鱼（罐头） 1块
- 番茄 1片
- 洋葱 少许薄片
- 香菜 按个人喜好
- 盐 少许
- 黑胡椒 少许
- 芝士 按个人喜好

① 羊角包中间改刀，不要切断。

② 在中间夹入青花鱼、番茄片、洋葱片，再按照个人喜好加入一些芝士、香菜，最后撒上盐和胡椒调味。

比法棍吃起来更方便，羊角包的甜味和青花鱼的咸鲜很搭，超好吃！

酒水和饮料

对很多人来说，露营怎么能少了酒呢？不喜欢喝酒的人也可以换成热饮。

热乎乎黄油朗姆奶

奶牛

倒入保温杯享用

材料

- 朗姆酒　适量
- 牛奶　2/3 杯
- 糖块　1 个
- 黄油　10g

在温热的牛奶中加入朗姆酒和砂糖，最后让黄油块浮在上面！

像汤一样浓厚醇香，一杯下肚，超满足！

简单快速桑格里亚酒

橙汁
红酒
橙子片

一股脑儿放进杯中，

热红酒一眨眼就完成啦！

＋砂糖 & 肉桂

简单加热

就可以变身热红酒！

只想做一个简易小菜时，

可当早餐，也可做零食……

前一天

用火干焙多种坚果，装入小瓶子，用蜂蜜浸泡腌渍。

当天

在法棍和苏打饼上放上奶酪和蜂蜜坚果，做小零食或者早餐都很不错！

女孩子都超喜欢！

来点篝火吧

露营初体验那天，
人生第一次自己亲手点燃了篝火。
回想了一下，初中的时候第一次看到长得像篝火的东西。
平时就喜欢恶作剧的老师突然穿着奇怪的衣服出现，
我是
『火之精灵』。
虽然是露营的大火炬，但总觉得奇奇怪怪的……
唰拉
正在跳舞
初二修学旅行
这是啥……
嗯…… 老师…… 无语！

火苗轻轻摇曳，
比蜡烛的火苗强好多倍，
明亮又温暖。
跟大火炬比起来，宁静又安逸，噼啪噼啪的声响让人心情舒畅。
噼啪
噼啪
不知不觉中被篝火深深吸引，沉醉其中。
呼……这是……
火的力量……
木材的力量……
地球的力量吗？
甚至可以感受到宇宙！
一定要亲身感受一下篝火的魅力！
不过篝火只用来欣赏就太浪费啦！
不仅可以暖身，在烹饪上也可以大显身手。
大爱篝火——
很多人去露营就是为了篝火。
一石四鸟！
还可以做菜
可以照明、取暖

可以在哪里点篝火

我彻底爱上了篝火，有时会为了篝火特意跑去露营。
嗯……
不过，附近好多公园都只能BBQ，不能点篝火。（真的没有篝火的一席之地了吗？）
一些公园空地或海边沙滩上可以点篝火，但是没有官方许可。
当地可能禁止生火，所以最好预订可以点篝火的露营地。
注意
一些露营地不能点篝火，提前查一下吧。
只能喝酒了……
以前单人露营时，就去了一个不能点篝火的露营地，只能干坐着发呆……
单人露营没有篝火也太孤独了……
她们看起来聊得很开心
哈哈哈哈

篝火必备装备

点篝火需要的装备（基础篇）
打火机
长嘴的更便捷。
火钳
长手柄，更放心。
会用的话可以试试。
有人觉得不太称手。
篝火台
尺寸多样，最好选购能放入市售柴火的规格。
助燃材料
木屑等环保材料更佳！
棒球手套
也可以使用战术手套，皮革手套也很酷！
阻燃垫
减少对地面的伤害。
锦上添花的装备
吹火管
伸长
火变弱时，可以给篝火架中送入空气，让柴火烧得更旺。
打火棒
刮片
打火棒
混合镁等金属，可以摩擦生火的装备。
用刮片刮打火棒，就会冒出火花。

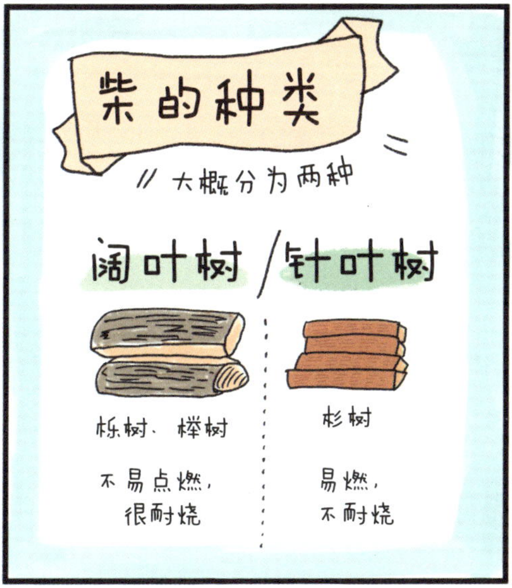
柴的种类
大概分为两种
阔叶树
针叶树
栎树、榉树
不易点燃，很耐烧
杉树
易燃，不耐烧

准备好了就快点开始点燃篝火吧！
柴的种类多种多样，你知道它们各有什么特征吗？

对了，在露营地也可以买到柴火（我基本都是在那儿买）。
大多是按捆卖的。
价格不一
您好，100元。
一般是20～30元，但偶尔会遇到价格昂贵的。
一小捆！
好贵！
有时会在路边碰到自助无人小摊。
就像打游戏时遇到惊喜奖励一样，超开心！
木柴15元
堆积如山
收银箱
雪中送"柴"啊……
也可以网购。
推荐先在市场或网上买好。
满满一箱
柴
（网购）
满满一箱送货到家。
好！柴也买好了，那就来点篝火吧！
给我等一下！
点燃助燃材料后，直接去点粗柴的话……
想象图
粗柴
火
助燃材料
常有的失败案例
这种方法绝对行不通！一定要知道点火的方法！
根据重量规律……
粗柴
这是几团小火苗
热量完全不够！
这样下去恐怕几个小时都点不着。
诀窍就是先用易燃的小材料，把火逐渐转移到不易燃的粗柴上，让热量慢慢累积。

关键在于点火的顺序。
干燥的树叶
白桦树皮
细
粗
如果能找到很多树叶、树皮，就不需要用助燃材料啦！
在露营场的森林里捡一些粗细不一的树枝，最好统一长度。
这样就可以用易燃的材料，把火逐渐转移到不易燃的粗柴上。
接下来是
搭柴火！
好激动！
这又是啥？很重要吗？
露营新手
没错！超级重要，这是为什么呢？
兴致勃勃
那是……
答案就是
为了获得空气！
对！篝火燃烧需要的
就是
热源和空气。
空气的通道
所以在搭柴火的时候，需要给空气留一条通道。

搭柴火的各种方法

简单易上手

轴心堆积法

用一根粗柴当作枕木，一两根细柴斜搭在粗柴上，中间搭上一些细、中粗的树枝，在下方的空隙里放入助燃材料并点燃。

轻松调节火力，持久享受篝火。

井字形

用于搭建大火炬，也可以做成小一点的柴火堆。

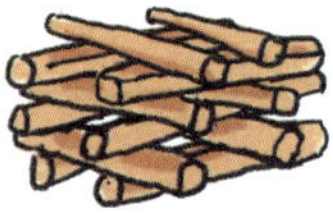

金字塔形

就像插花一样，结构优美。

柴火向中间聚拢，只使用细树枝和中粗树枝，一小会儿就会烧完。火焰短暂但十分漂亮，适合观赏！

并列形

柴火横着并排放，适合烹饪。火力稳定，非常实用，但点燃有一定难度。

轻松点火的诀窍

注
柴和树枝要选干透的，可以在露营地里捡。（注意：一些露营地禁止捡拾！）
得烘干才行。
唰——
吡吡
木材中的水分蒸发不了，柴火就没办法进行热分解产生可燃气体。
如果木柴湿湿的，可以放在篝火边慢慢烘干。
知识小贴士
木材燃烧过程
加热升温
碳化
产生可燃气体
燃烧
可燃气体
可燃气体
100℃水分蒸发
200℃产生可燃气体
与外界温度也有关！寒冬气温低，需要长时间加热木柴，才能产生可燃气体。
因此
如果一直点不着火，快重新调整一下火堆吧！
放我下去——
好不容易才暖和起来——
增加空气流通，避免温度流失。
呼
!!
好冷！
用细树枝等易燃材料慢慢加温。
好暖和——

用篝火烹饪

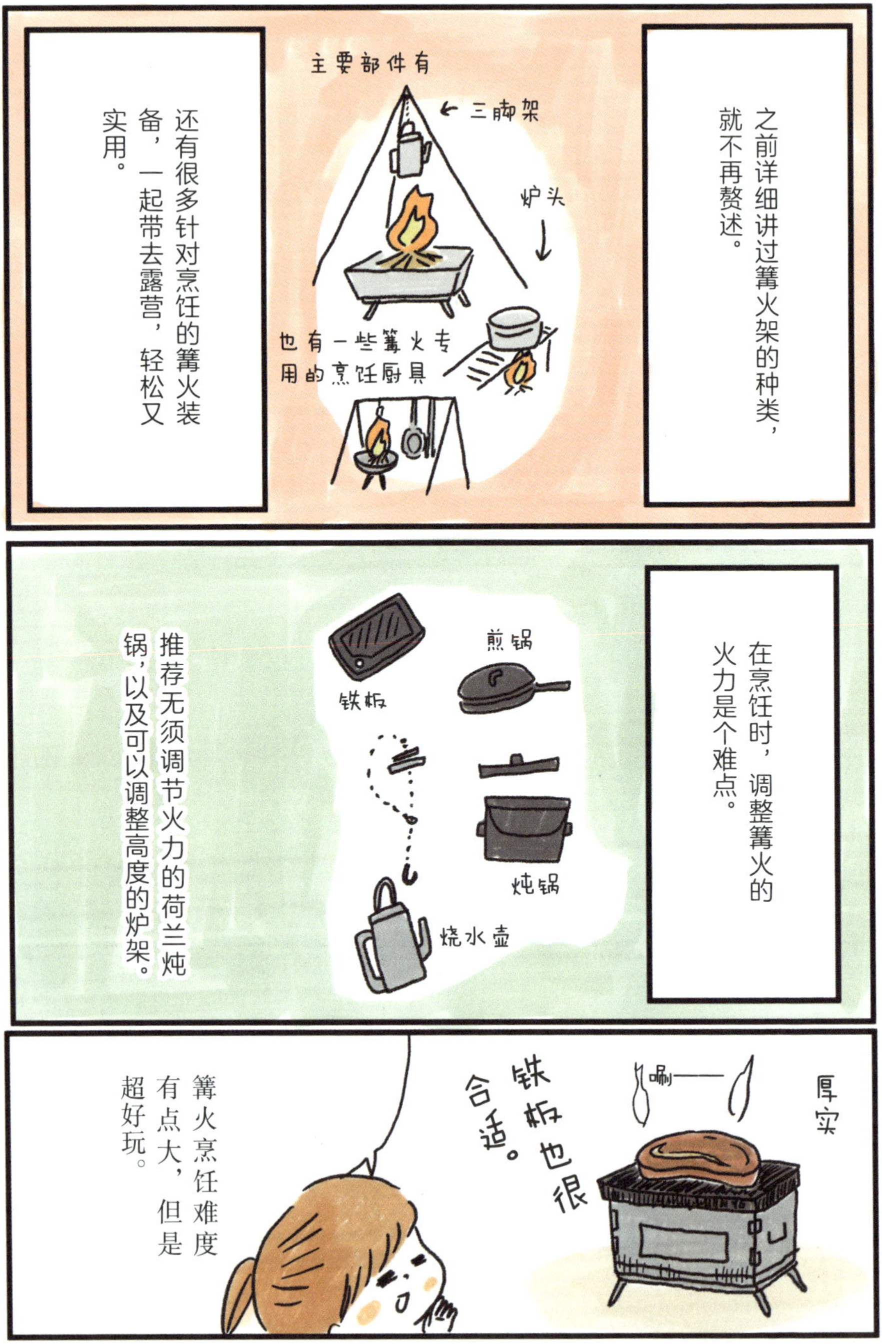
之前详细讲过篝火架的种类，就不再赘述。
主要部件有
三脚架
炉头
也有一些篝火专用的烹饪厨具
还有很多针对烹饪的篝火装备，一起带去露营，轻松又实用。
在烹饪时，调整篝火的火力是个难点。
铁板
煎锅
炖锅
烧水壶
推荐无须调节火力的荷兰炖锅，以及可以调整高度的炉架。
厚实
嘶——
铁板也很合适。
篝火烹饪难度有点大，但是超好玩。

熟悉露营之后，可以挑战一下！

篝火装
点篝火时的固定打扮
被篝火熏到的话，很难去除身上的烟熏味，所以最好准备篝火专用的围裙或者外套。
针织帽
厚实的牛仔夹克
柴火包，捡小树枝更方便
有多个口袋，可收纳照明灯或小物件，方便取用。
点篝火不可以穿这些！
化纤或羽绒
篝火的火星会把衣服烫出洞！
披着毛毯烤篝火也很美滋滋。
衣服上会有烟熏味，所以最好把点篝火的服装单独区分开。
马甲也不错，
还有篝火专用围裙。

篝火礼仪与禁忌

不要使用燃烧时会产生有害物质或气体的材料。

防止草地被烧焦！活用防火阻燃垫。

留神帐篷与篝火的距离，还要注意风向。

大风天气时不要点篝火！

一些露营地允许直接在地上生火，但一些地方要求一定要用篝火架！

睡前必须熄灭篝火！1 ～ 2 小时内不加新的木柴，篝火就会慢慢熄灭。

不要在营地内留下炭灰，争取打扫得比来之前更干净！

炭灰要倒在指定地点，请遵守露营地的规定！

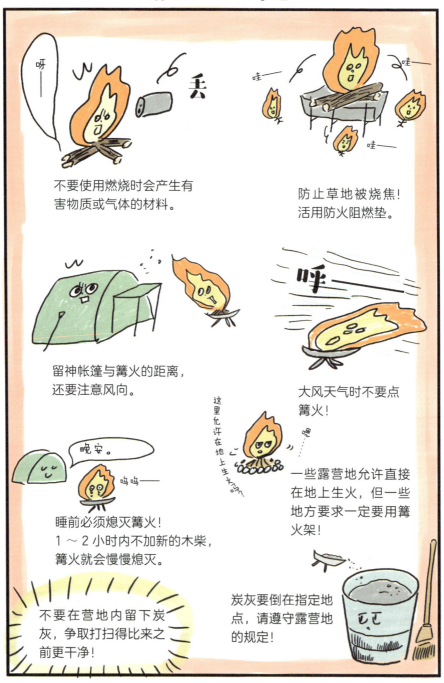

篝火就讲这么多，剩下的就是实践了！
两个人继续露营……
知识点好多……不过篝火蛮有意思的，感觉不单单是把木头点燃这么简单。
对啊，而且篝火可以拉近人与人的距离。
嘿嘿
对着摇曳的火光安静地畅谈……真浪漫啊。
这就是篝火的魔法！
真的吗……
那……
我现在是不是……
嗯？
看上去很帅？
毕竟我是火一般的男子
嘿嘿嘿
和平时没啥区别……（淡定的语气）。
哈哈哈哈

露营中的注意事项

遵守规则，乐享露营

尽量不用化学合成的洗涤剂

不是所有露营地都禁止使用，如果要买环保的露营洗涤剂，最好选择不含合成表面活性剂的产品。

大风天气别逞强

刮大风时生火的话，火星可能会飘到帐篷上，容易烫出洞来！风大到无法搭帐篷时，千万别逞强，帐杆和地钉到处乱飞很危险！

不踏入他人的营地

露营地太拥挤时，容易“侵入”他人的“领地”。涉足他人的帐篷或天幕，都是不礼貌的。自由营地没有分界线，一不小心就越界了。活动时多多注意营地间“看不见的墙”吧！

清晨和深夜，轻轻开关车门

清晨和深夜，很多人开关车门一不留神就太过用力。在就寝之前，就把必要物品从车里取出来吧。一大早砍柴也会打扰到别人，多体谅其他露营者吧。

燃烧纸箱会产生大量烟尘

新装备附带的纸箱和外包装，不要在露营地点燃，尽量带回家处理。纸箱燃烧时会产生大量烟尘，给他人带来不便。

不要乱折乱砍树木

露营地也是有主人的（私有、公有或国有），一草一木都不是自己家的，所以请多多爱护。

锅和烤架的尺寸要符合燃气炉的规格

一体单头炉限制了锅具尺寸，超规格的大锅放在炉架上加热时，热量可能会传导给燃气瓶，导致燃气瓶爆炸……很多人都不知道这个潜在危险。

车子要熄火

到达营地停好车后，一定要熄火。在城市里就要注意发动机的噪声，在大自然里噪声会更明显。

夜里不喧哗

一些露营地规定22点为就寝时间，只能在帐篷里小声说话。露营地规定各不相同，但是晚上喧哗确实很不礼貌！而且半夜三更还在点篝火的话，会影响别人休息。露营地人多的时候，稍微为他人考虑一下吧。

不要太晚入住

不同露营地规定的入住、离场时间不一样。最好提前到达，如果迟到太久，管理员可能会拒绝登记入住！特殊情况会迟到时，提前打个电话问问吧。

睡前准备

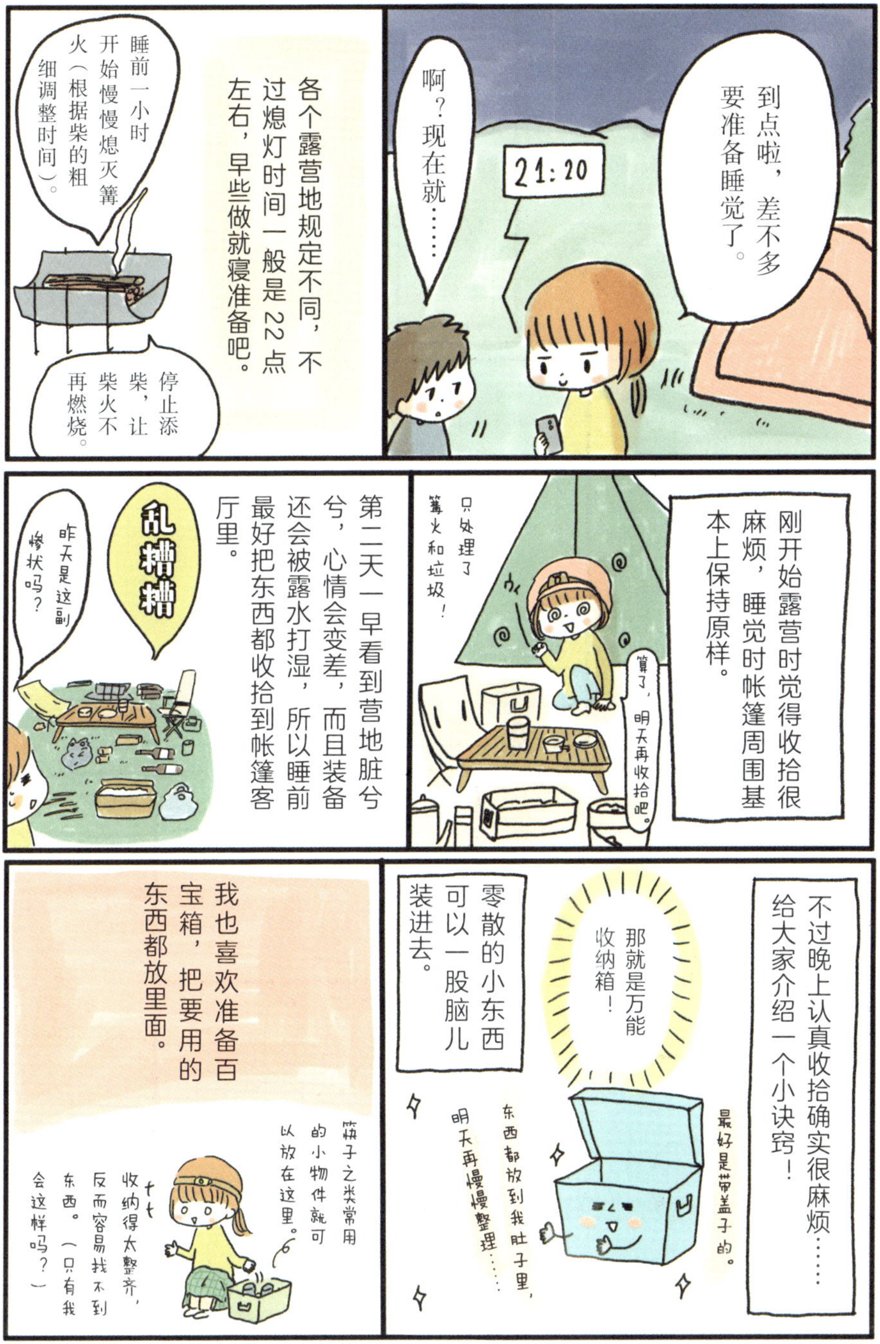
到点啦，差不多要准备睡觉了。
21:20
啊？现在就……
各个露营地规定不同，不过熄灯时间一般是22点左右，早些做就寝准备吧。
睡前一小时开始慢慢熄灭篝火（根据柴的粗细调整时间）。
停止添柴，让柴火不再燃烧。
刚开始露营时觉得收拾很麻烦，睡觉时帐篷周围基本上保持原样。
只处理了篝火和垃圾！
算了，明天再收拾吧。
第二天一早看到营地脏兮兮，心情会变差，而且装备还会被露水打湿，所以睡前最好把东西都收拾到帐篷客厅里。
乱糟糟
昨天是这副惨状吗？
不过晚上认真收拾确实很麻烦……给大家介绍一个小诀窍！
那就是万能收纳箱！
零散的小东西可以一股脑儿装进去。
最好是带盖子的。
东西都放到我肚子里，
明天再慢慢整理……
我也喜欢准备百宝箱，把要用的东西都放里面。
筷子之类常用的小物件就可以放在这里。
收纳得太整齐，反而容易找不到东西。（只有我会这样吗？）

脏盘子放一晚上的话，污渍难以洗干净。
就算晚饭后收拾了餐具，夜里吃零食难免有几个脏餐具。
杯子
量杯
盘子
睡前最好这样做……
用厨房用纸擦掉污渍。
遇到顽固污渍，就用厨房用纸蘸热水擦拭。
轻松去除油污。
第二天早上在厨房简单清洗即可！
第二天不用餐具的话，可以带回家再洗。
还能保持公用水槽干净。
不太脏的盘子可以用食品级的消毒喷雾擦拭。
可以去味
最好使用环保型洗涤剂，或无须洗涤剂的洗碗刷。
手工制作
睡前一定要好好收拾的是……
垃圾
需要把垃圾袋扎紧，防止气味溢出。
但是塑料袋的话……
经常有一些小动物从帐篷缝隙钻进前厅，撕坏垃圾袋！
偷偷摸摸
好暗！
谁？
尽量使用带盖的垃圾桶，或把垃圾放到车里。
但要轻轻开关车门。
把这些小事都料理好之后，刷牙、上厕所，就可以睡觉了。
21:50
"茄子"
好嘞！

安稳入眠的诀窍

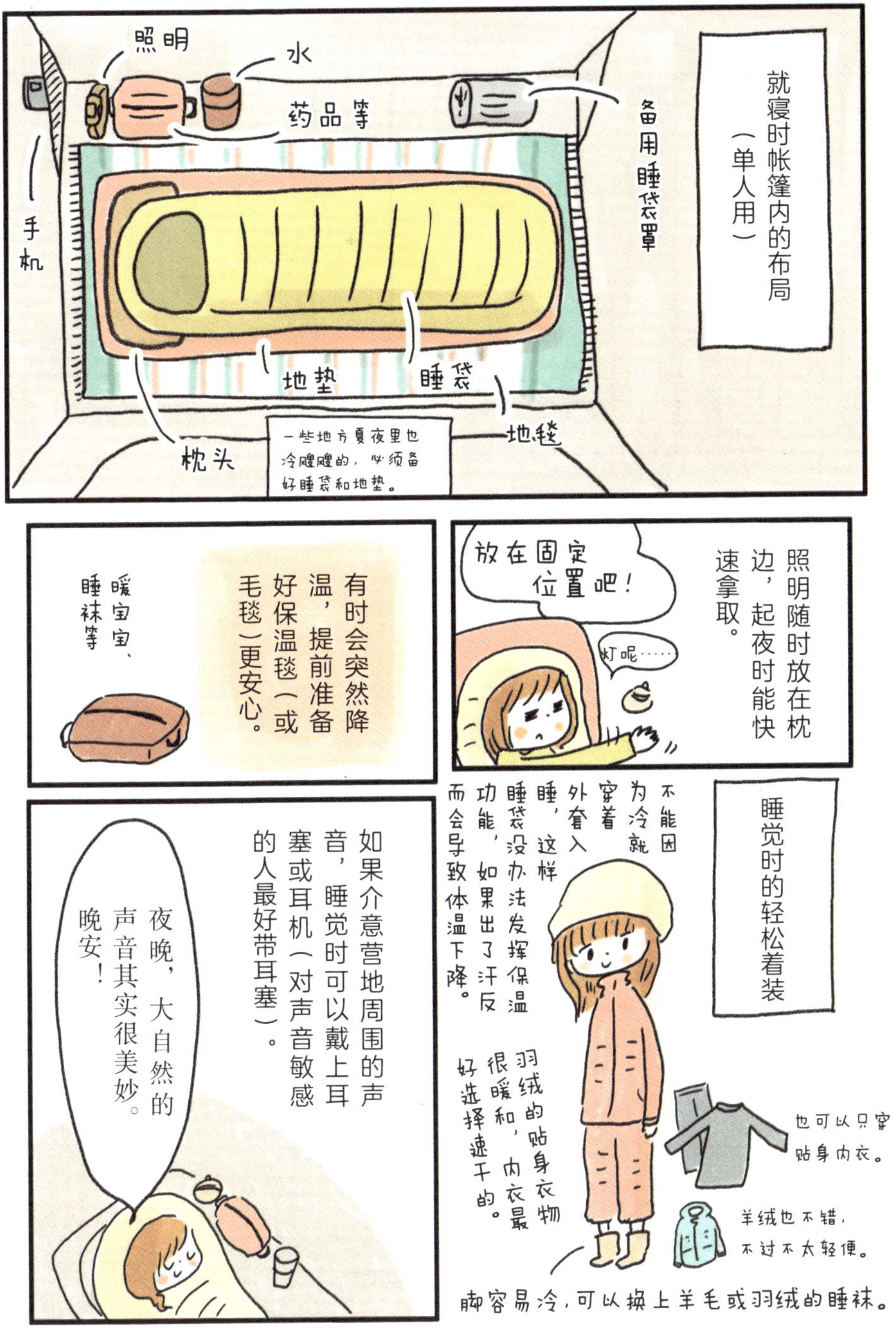
就寝时帐篷内的布局（单人用）
照明
水
药品等
备用睡袋罩
手机
地垫
睡袋
地毯
枕头
一些地方夏夜里也冷飕飕的，必须备好睡袋和地垫。
照明随时放在枕边，起夜时能快速拿取。
放在固定位置吧！
灯呢……
有时会突然降温，提前准备好保温毯（或毛毯）更安心。
暖宝宝、睡袜等
睡觉时的轻松着装
不能因为冷就穿着外套入睡，这样睡袋没办法发挥保温功能，如果出了汗反而会导致体温下降。
羽绒的贴身衣物很暖和，内衣最好选择速干的。
也可以只穿贴身内衣。
羊绒也不错，不过不太轻便。
脚容易冷，可以换上羊毛或羽绒的睡袜。
如果介意营地周围的声音，睡觉时可以戴上耳塞或耳机（对声音敏感的人最好带耳塞）。
夜晚，大自然的声音其实很美妙。晚安！

冬季露营也适用

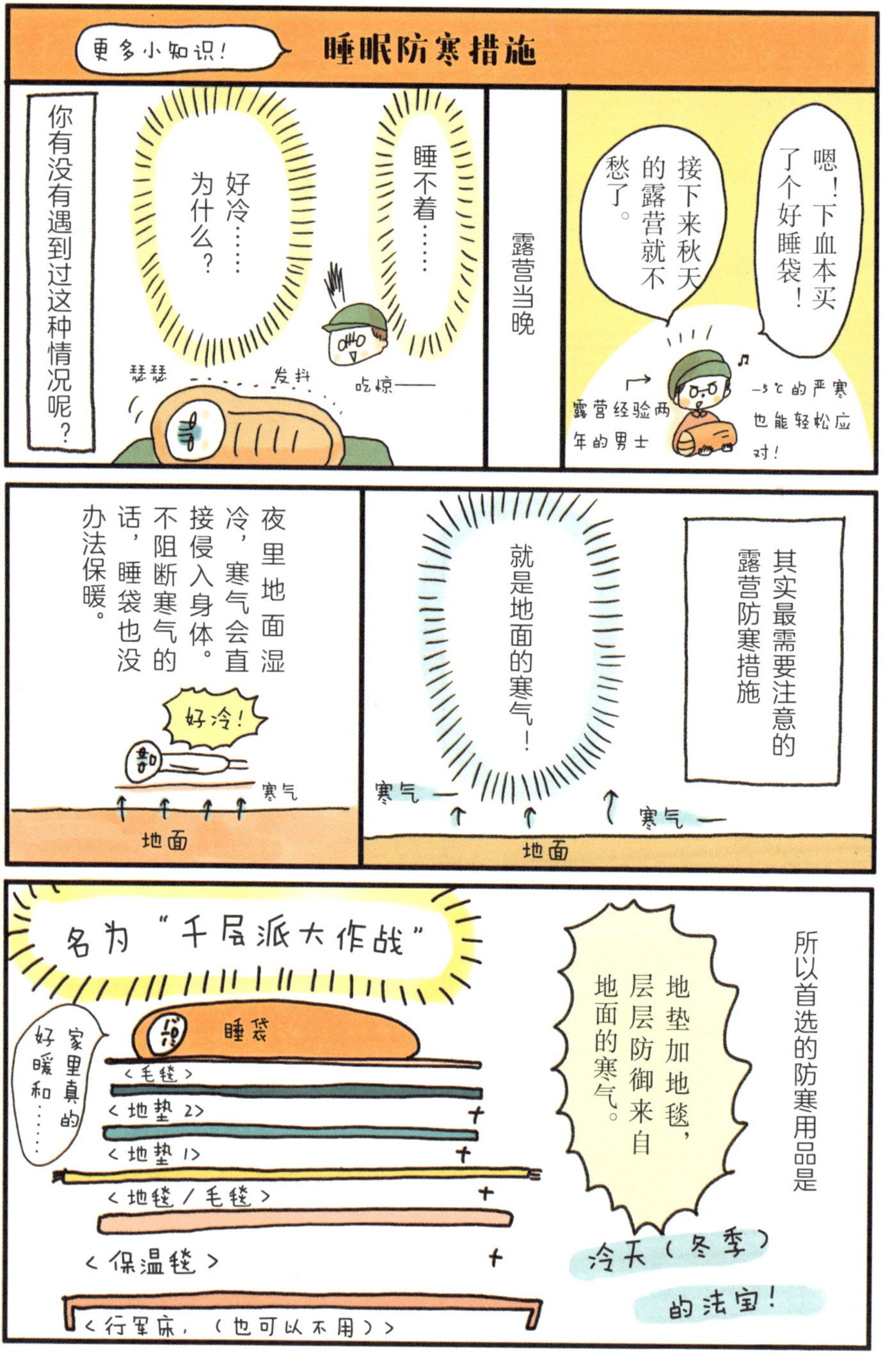
更多小知识！
睡眠防寒措施
嗯！下血本买了个好睡袋！
接下来秋天的露营就不愁了。
露营经验两年的男士
-5℃的严寒也能轻松应对！
露营当晚
睡不着……
吃惊——
好冷……为什么？
瑟瑟
发抖
你有没有遇到过这种情况呢？
其实最需要注意的露营防寒措施
就是地面的寒气！
寒气
地面
夜里地面湿冷，寒气会直接侵入身体。不阻断寒气的话，睡袋也没办法保暖。
好冷！
寒气
地面
所以首选的防寒用品是
地垫加地毯，层层防御来自地面的寒气。
冷天（冬季）的法宝！
名为“千层派大作战”
家里真的好暖和……
睡袋
<毛毯>
<地垫2>
<地垫1>
<地毯/毛毯>
<保温毯>
<行军床，（也可以不用）>

可别觉得太夸张，严冬时地面的寒气可不是闹着玩的。
坐在户外，屁股也会冷，所以椅子上加坐垫也很不错。
冬天需要两块地垫叠加，最起码也得带保温毯！
用地毯把内帐地面铺得严严实实。
内帐
地毯 2
地毯 1
此外，紧急情况下的防寒装备还有
纸箱！
超级实用！
不附赠猫猫
使用方法
铺在地垫下面
气泡纸也很保暖，不过纸箱在平时保留几块大一些的就可以，更方便快捷。
+
没试过睡在纸箱上吧
地毯、毛毯、保温毯不嫌多。
但装备太多也很累赘，推荐保温性能好的毯子。
还要防的是风！
呼呼
缝隙漏风，
体温会慢慢流失！
不要让风『有缝可乘』，
睡袋上加盖一块毛毯，保温效果绝佳！

快用上交流电吧
一些露营地可以用电。
冬天防寒，多多用电！
嗯？户外达人也可以用电吗？
可以吗？
想太多了！
但是和在家里不一样，插座可能只有一两个，功率也只有1500W左右。
呼呼
用不了高功率的吹风机！
准备户外专用的延长线（最好能防雨）。
注意和家用的不一样！
大显身手的电器
第1名
电热毯
铺在身下的电热毯功率比较高。
20W～50W
第2名
被子烘干机
注意噪声
功率比较高，但一下子就能暖起来！
一些露营地还会出租电热毯。
仿佛在家里……
暖洋洋
暖洋洋
帐篷内
帐篷内空间越小，越能快速升温。所以冬天就选择小一点的卧室吧。
帐篷里再撑一顶内帐，保温效果更佳。
也被称为“袋鼠帐”

给露营达人的防寒妙招

烟囱从帐篷里探出来
（一些品牌的帐篷支持通烟囱）
柴火炉好棒啊！
最近很流行柴火炉……
形状多样
看着就好心动。
所以，最近我爱上了煤油炉。
即便是带烟囱的帐篷，用炉子时也要当心一氧化碳中毒。
挡风板在手，方便轻松。
不过也有不少麻烦……
麻烦一
点火需要技巧。
点不着
为什么？
麻烦二
要在帐篷上开孔或者改造烟囱。
改造烟囱不容易。
麻烦三
火星落下来，会把帐篷烫出洞。
火力太猛，火星会到处乱飞。
呀——
真的好麻烦！
麻烦四
有火灾或一氧化碳中毒的风险隐患。
不适合我这种懒人……
不过睡觉时要熄灭柴火，所以还是要做好基础的防寒保暖工作。
冻脸！
但还是好开心！

就算没有大装备，一些小道具也能派上大用场。
暖宝宝贴准位置，保暖效果UP！
后背
后腰
大腿
暖足贴
轻松防寒小妙招——
方法一
当当——
热水袋
睡前烧点开水灌入热水袋，可以提前暖被窝，睡时被窝暖洋洋。
运动水瓶
热水袋
方法二
怀炉
抱在怀里就暖意十足
烧炭的暖手炉
放在化纤睡袋里可能会把布料烤焦，炭量要控制好。
谨防一氧化碳中毒或低温烫伤！
方法三
双脚冷冰冰
换上羽绒或羊毛睡袜
这么一说
对体寒的女生来说，防寒真的很重要……
嗯……
有点难以启齿……年长的朋友跟我说，
女孩要注意保暖……
并且给了我这个小装备！
给你！
给你！
谢谢……
艾草热敷蒸汽贴
80贴套装
艾草
网购或药店购买
年轻的时候还有点疑虑……
这个能有用吗……
嗯……
……
尝试了一次，发现真的暖乎乎，让人欲罢不能。
真的好暖。

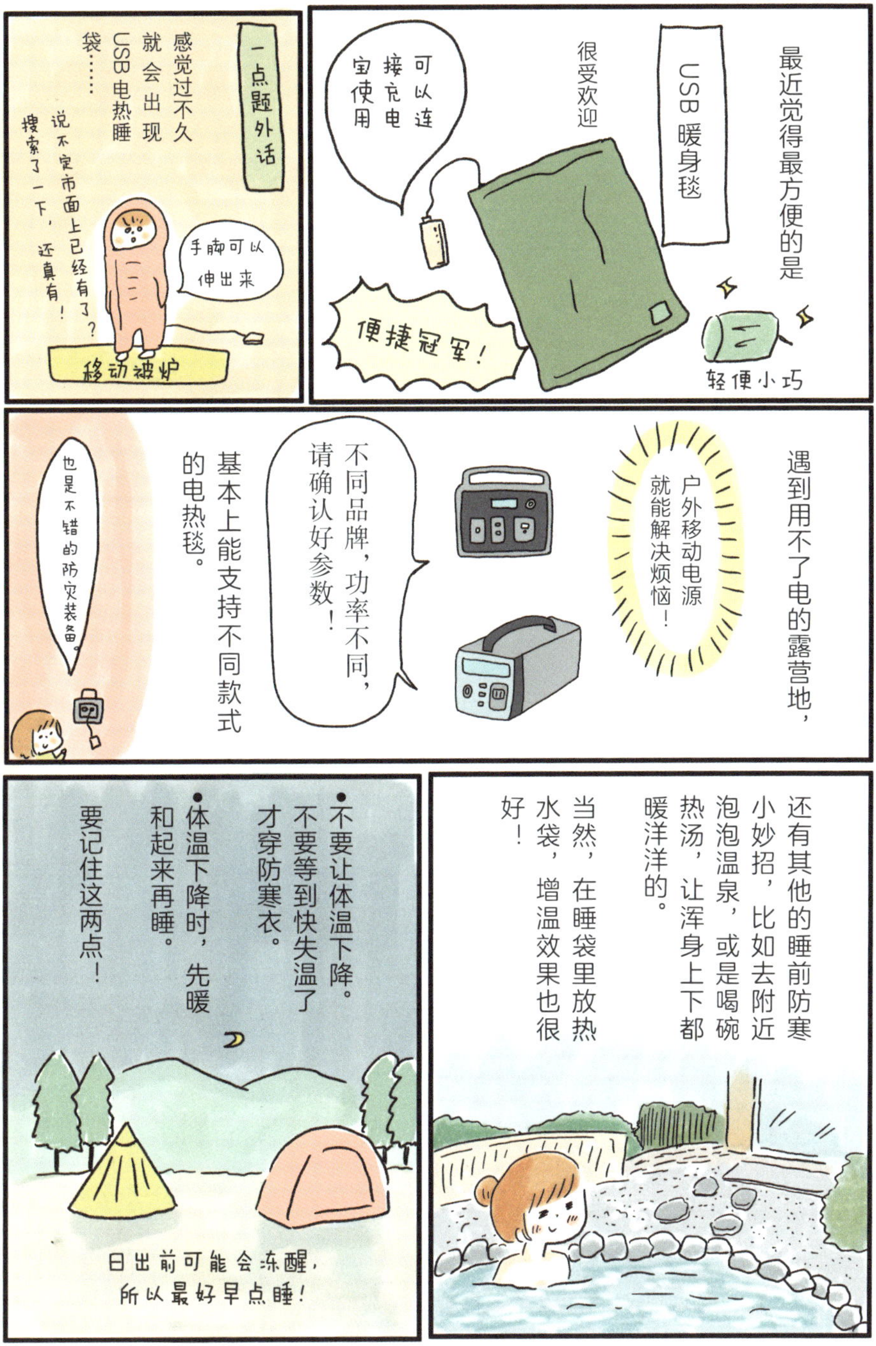
最近觉得最方便的是
USB暖身毯
很受欢迎
可以连接充电宝使用
便捷冠军！
轻便小巧
一点题外话
感觉过不久就会出现USB电热睡袋……
说不定市面上已经有了？搜索了一下，还真有！
手脚可以伸出来
移动被炉
遇到用不了电的露营地，
户外移动电源就能解决烦恼！
不同品牌，功率不同，请确认好参数！
基本上能支持不同款式的电热毯。
也是不错的防灾装备。
还有其他的睡前防寒小妙招，比如去附近泡泡温泉，或是喝碗热汤，让浑身上下都暖洋洋的。
当然，在睡袋里放热水袋，增温效果也很好！
•不要让体温下降。不要等到快失温了才穿防寒衣。
•体温下降时，先暖和起来再睡。
要记住这两点！
日出前可能会冻醒，所以最好早点睡！

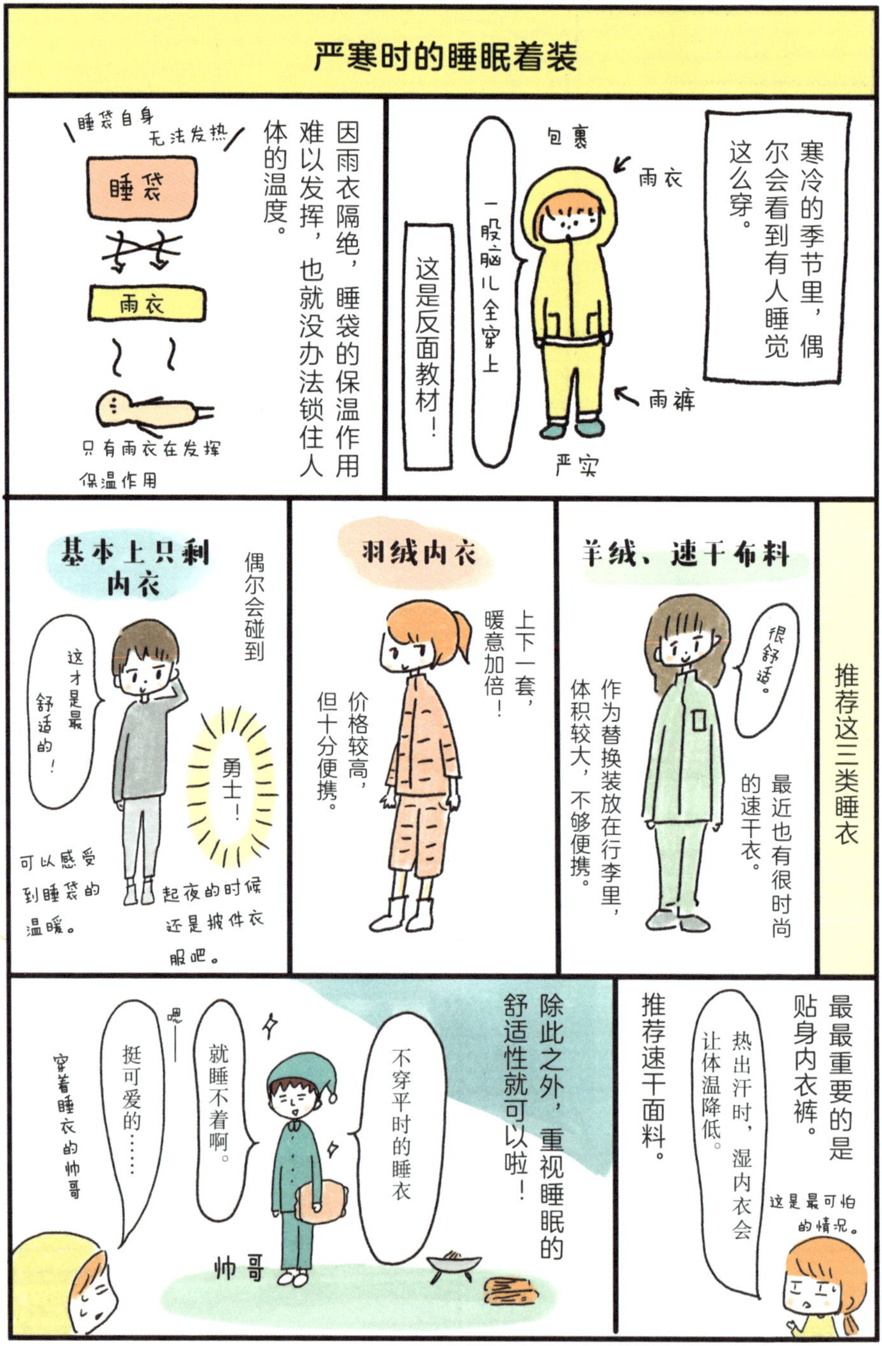
严寒时的睡眠着装
寒冷的季节里，偶尔会看到有人睡觉这么穿。
包裹
雨衣
雨裤
严实
一股脑儿全穿上
这是反面教材！
因雨衣隔绝，睡袋的保温作用难以发挥，也就没办法锁住人体的温度。
睡袋自身无法发热
睡袋
雨衣
只有雨衣在发挥保温作用
推荐这三类睡衣
羊绒、速干布料
最近也有很时尚的速干衣。
很舒适。
作为替换装放在行李里，体积较大，不够便携。
羽绒内衣
上下一套，暖意加倍！
价格较高，但十分便携。
基本上只剩内衣
偶尔会碰到
勇士！
这才是最舒适的！
可以感受到睡袋的温暖。
起夜的时候还是披件衣服吧。
最最重要的是贴身内衣裤。
推荐速干面料。
热出汗时，湿内衣会让体温降低。
这是最可怕的情况。
除此之外，重视睡眠的舒适性就可以啦！
不穿平时的睡衣
就睡不着啊。
嗯——
挺可爱的……
帅哥
穿着睡衣的帅哥

夏季露营的睡眠小贴士

酷暑难熬，
太热了就不用睡袋，睡觉时只盖浴巾。
一些人会这么做！
山里的露营地
夜里可能会冷……
注意这种情况！
发抖
瑟瑟
海拔每上升 100m，气温就下降约 0.6℃。
海拔 1000m 的露营地，温度比平原低 6℃！
-6℃
确认地理位置，必要时准备好睡袋吧。
怕冷的人要多备睡袋内胆。
睡袋内胆熊熊
还有之前讲过的地垫！
夏天用吊床和行军床时，也最好铺个地垫。
春夏皆可
地垫
行军床
地垫
吊床
吊床下面的穿堂风凉飕飕的！
为什么一直反复强调地垫呢，因为我之前吃了不少亏，所以绝不能大意！
（也是在提醒自己！）
呜呜——
好冷——

第3章

到家才算露营结束
收纳·维护篇

走，打包回家

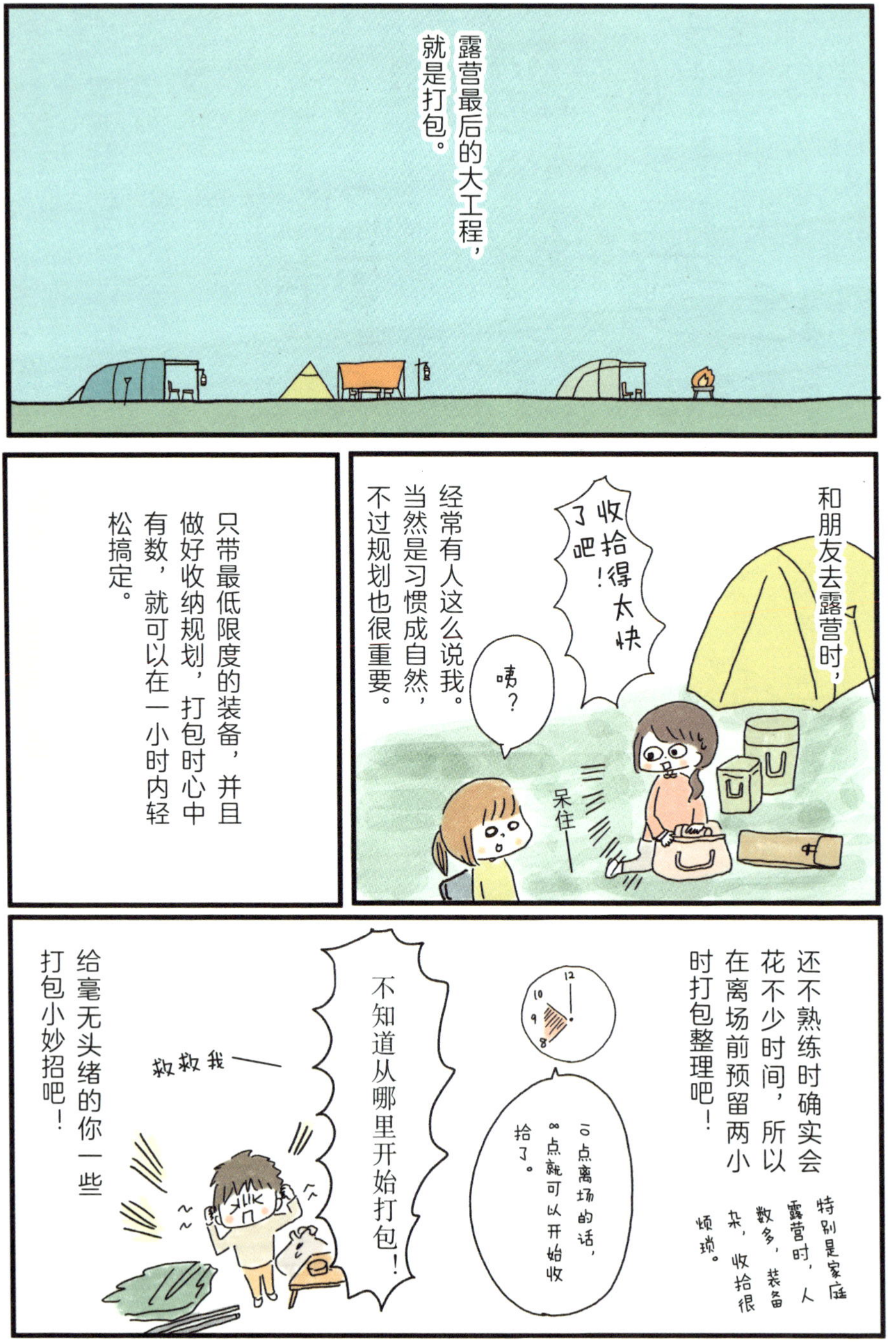
露营最后的大工程，就是打包。
和朋友去露营时，
收拾得太快了吧！
咦？
呆住——
经常有人这么说我。当然是习惯成自然，不过规划也很重要。
只带最低限度的装备，并且做好收纳规划，打包时心中有数，就可以在一小时内轻松搞定。
还不熟练时确实会花不少时间，所以在离场前预留两小时打包整理吧！
特别是家庭露营时，人数多，装备杂，收拾很烦琐。
12
10
9
8
10点离场的话，8点就可以开始收拾了。
不知道从哪里开始打包！
救救我——
给毫无头绪的你一些打包小妙招吧！

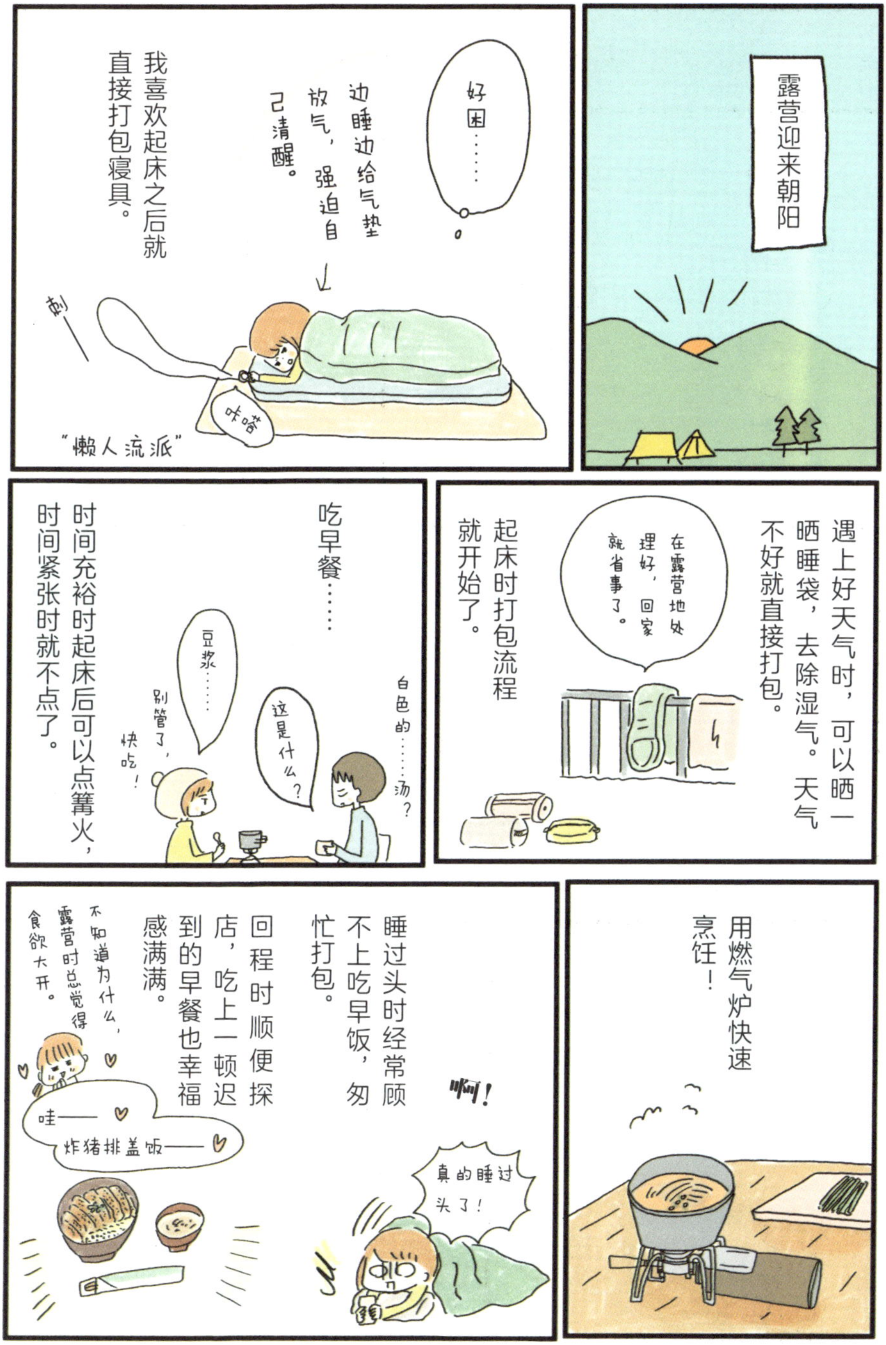
露营迎来朝阳
我喜欢起床之后就直接打包寝具。
好困……
边睡边给气垫放气，强迫自己清醒。
刺
咔嗒
“懒人流派”
遇上好天气时，可以晒一晒睡袋，去除湿气。天气不好就直接打包。
在露营地处理好，回家就省事了。
起床时打包流程就开始了。
吃早餐……
白色的……汤？
这是什么？
豆浆……
别管了，快吃！
时间充裕时起床后可以点篝火，时间紧张时就不点了。
用燃气炉快速烹饪！
睡过头时经常顾不上吃早饭，匆忙打包。
啊！
真的睡过头了！
回程时顺便探店，吃上一顿迟到的早餐也幸福感满满。
不知道为什么，露营时总觉得食欲大开。
哇——
炸猪排盖饭——

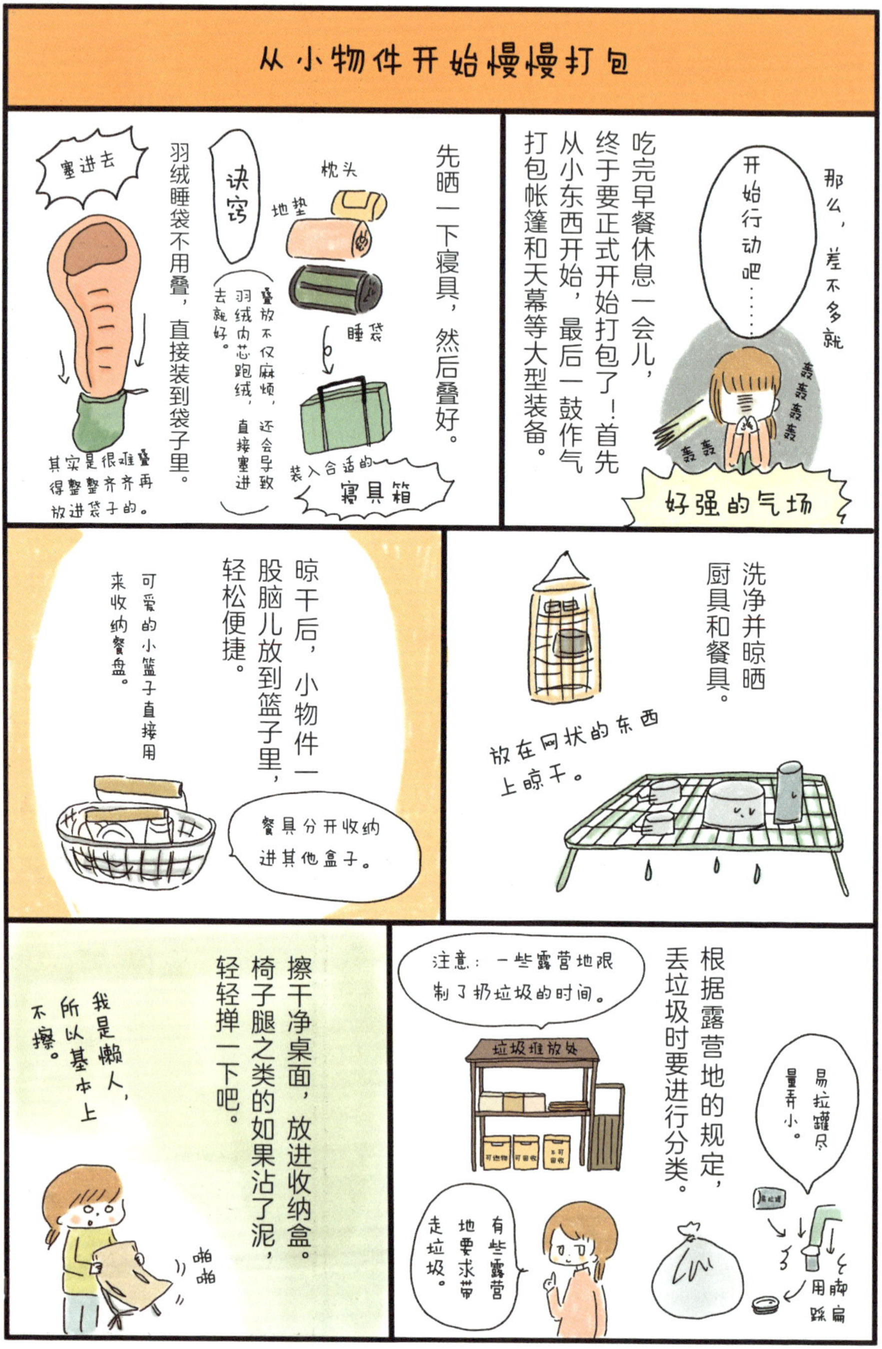
从小物件开始慢慢打包
那么，差不多就
开始行动吧……
轰轰轰轰轰轰
吃完早餐休息一会儿，终于要正式开始打包了！首先从小东西开始，最后一鼓作气打包帐篷和天幕等大型装备。
好强的气场
先晒一下寝具，然后叠好。
枕头
地垫
睡袋
装入合适的寝具箱
诀窍
叠放不仅麻烦，还会导致羽绒内芯跑绒，直接塞进去就好。
羽绒睡袋不用叠，直接装到袋子里。
塞进去
其实是很难叠得整整齐齐再放进袋子的。
洗净并晾晒厨具和餐具。
放在网状的东西上晾干。
晾干后，小物件一股脑儿放到篮子里，轻松便捷。
可爱的小篮子直接用来收纳餐盘。
餐具分开收纳进其他盒子。
根据露营地的规定，丢垃圾时要进行分类。
注意：一些露营地限制了扔垃圾的时间。
垃圾堆放处
易拉罐尽量弄小。
用脚踩扁
有些露营地要求带走垃圾。
擦干净桌面，放进收纳盒。椅子腿之类的如果沾了泥，轻轻掸一下吧。
我是懒人，所以基本上不擦。
啪啪

收拾小装备前，首先需要做的事情
就是把帐篷里的东西全都拿出来。
一股脑儿
OUT
我喜欢早点收拾寝具也是为了这个。
为什么？
帐篷底部被露水沾湿，得把它晾干！
可能现在非自立型帐篷比较流行，所以不常见了。以前经常看到大家把帐篷放倒晾晒。
正在晾晒底部
晾晒期间，就可以悠闲地打包其他小装备，效率加倍！
建议铺一块垫子，把帐篷里的东西都拿出来慢慢整理。
正在整理
还可以检查行李，看看有没有遗落物品，是一石二鸟的小妙招。
紧盯
（没有底部的帐篷就没有这道程序了。）
0.5小时毫无进展……

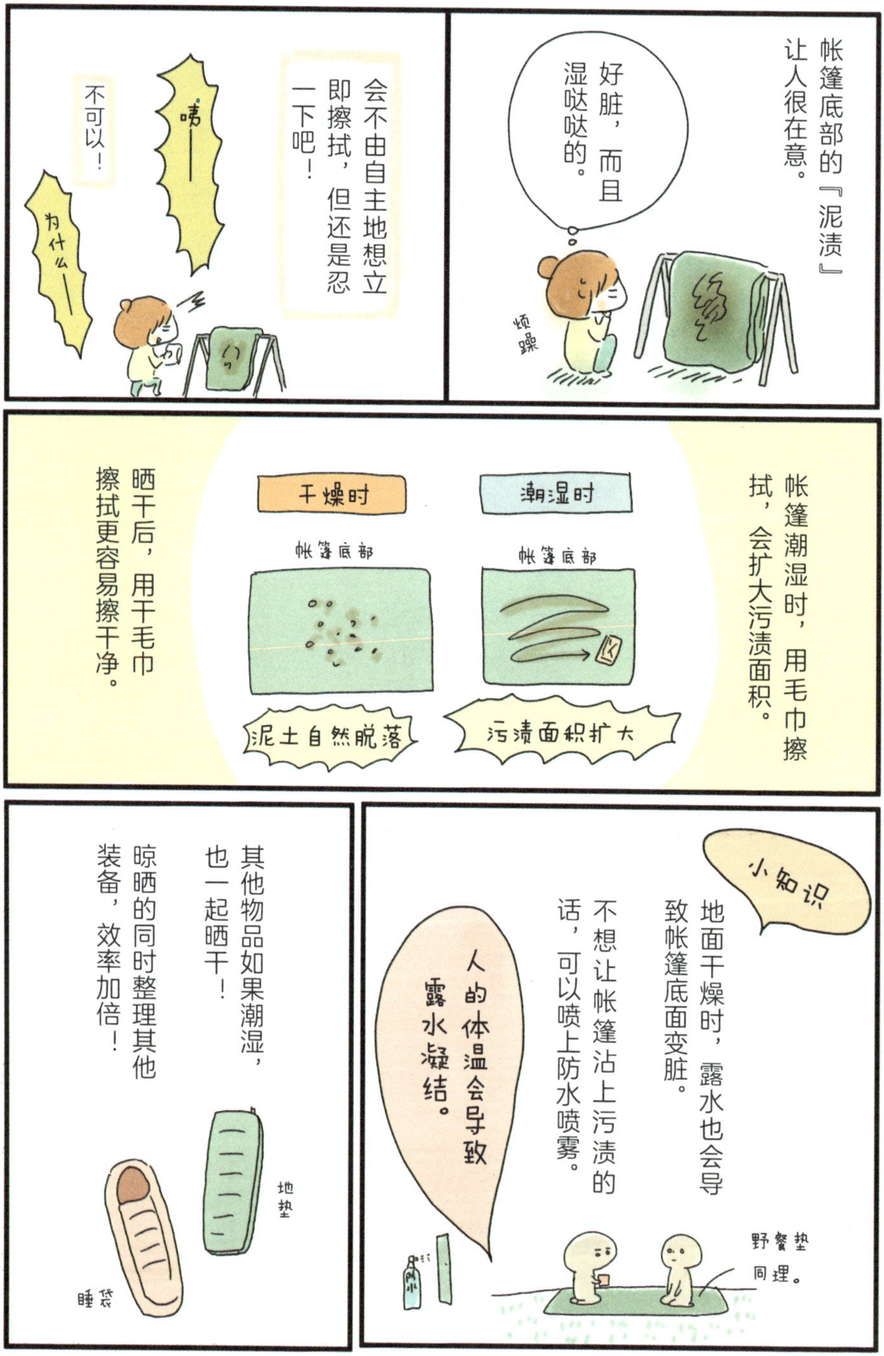
帐篷底部的『泥渍』让人很在意。
好脏，而且湿哒哒的。
烦躁
会不由自主地想立即擦拭，但还是忍一下吧！
啧——
不可以！
为什么——
帐篷潮湿时，用毛巾擦拭，会扩大污渍面积。
潮湿时
帐篷底部
污渍面积扩大
干燥时
帐篷底部
泥土自然脱落
晒干后，用干毛巾擦拭更容易擦干净。
小知识
地面干燥时，露水也会导致帐篷底面变脏。
不想让帐篷沾上污渍的话，可以喷上防水喷雾。
人的体温会导致露水凝结。
野餐垫同理。
其他物品如果潮湿，也一起晒干！
晾晒的同时整理其他装备，效率加倍！
地垫
睡袋

整理帐篷的诀窍
小物件整理好了，帐篷也晒干了，接下来就是打包帐篷！
如果内帐是悬挂式的，晾晒内帐即可。
不同形状的帐篷收纳方法不一样，
但是有通用的小窍门！
帐杆数量不同
大小也不相同
相比对折，三折不用对齐边角，更轻松省事。
示意图
三折
尽量叠成四边形吧。
四边形
四边形（接近）
配合收纳袋的尺寸，把帐篷卷起来。
比着袋子的大小卷。
小贴士
卷帐篷的时候，要注意给空气留个出口。
也就是要从上往下卷。
放走空气

大帐篷就得下功夫叠，比较麻烦。
当当
把这个大家伙
装到这里面
装得进去？
小帐篷的话，不用多想，直接塞进收纳袋就可以了。
呆
随便塞进去就可以。
塞
题外话……
女生自己叠七人用的大帐篷，真的好累。
感觉像在做大型寿司卷。
卷
卷
大家一起唱歌鼓劲，真的超级开心，可以试试！
啦啦啦
啦啦啦
啦啦。
马上就卷完了！
太感人了！
整理完之后，检查一下营地里有没有遗落装备或垃圾，打包好就完成啦！
经常把帐杆给忘了，小东西很容易看漏！
火钳捡垃圾很方便。

特别一课：雨天打包
唰——
基本上，打包前一定要晒干。但遇到雨天，就只能哭着直接收拾了。
雨天飞速打包
唰——
淋湿的帐篷和天幕装在超大号袋子里带回家。
90L的大垃圾袋也可以
回到家之后晾晒……
帐篷上全是泥，不用洗吗？
讨厌污渍，可以在浴室清洗之后喷上防水喷雾。但大帐篷清理起来很费劲。
只要晒干，泥渍就容易脱落了。
大帐篷也一样
在阳台翻晒一天就可以晾干，如果没有时间打理，可以选择送洗！
来回翻晒一天
一些露营地会提供帐篷清洗服务。
焕然一新之后送货到家
我基本上都是自己晾晒，
呜呜……家里宽敞点就好了！
总是忍不住这么想。
大户型……

露营回程中总想……

从露营地回家途中
嘿嘿，这次露营超棒，还学到不少知识。
下次想试试熏烤炉呢。
这么一说，附近好像开了家户外用品店！
去吗？
嗯！这不得去看看？
好！那换目的地！
轰轰
露营回程，不知为何总想去购物。
户外用品专卖店
ILD-P
哇——
琳琅满目
商品应有尽有

吊床
当当——
哇，吊床！好喜欢。
也想在家里用！
整齐——
熏烤炉有这么多种？好纠结！
有纸箱熏炉，还有更时尚的设计！
枕头也有这么多种。
嗯
都不知道怎么选了，真是幸福的烦恼。
感觉他正乐在其中。
感觉这次睡得不太踏实……
为啥？
你有枕头吗？
啊，还没！
嗯

谢谢惠顾！
满载而归
嗯？
不小心买这么多……
回程路上总是不知不觉买买买啊。
你啥时候换了一身衣服？
要你管！
感觉天变凉了，试了下感觉还不错。
嘿嘿……
试穿后购入
换下来的衣服
你买了什么？
主要买了咖啡套装。
用篝火烘豆，细细研磨后冲泡，一套装备全搞定！
重点是壶嘴出水要够细。
没买熏烤炉吗？
嗯？
我也不知道怎么的，对咖啡装备心动了……
但是这钱花得不后悔！
抱紧
离熏烤的目标还路漫漫……

购物完全没按计划走……
嗯
这也是露营常有的事？
不知道。可能性格使然吧。
还买了刀，本来没想要的。
为啥？
因为真的很帅气……
贵死了
唰
不过露营时烘豆子真的好棒！肯定很香。
对吧，对吧！
感觉很酷。
这个男人很懂咖啡。
嘿嘿……
糟了！又想去露营了！
我也是！
下次什么时候去？
露营回程，总是又开始期待下一次。

露营还未结束

回到家，露营还在继续。
没错，还要卸装备、整理东西！
我已经重复这个流程一百多次了，想想还挺佩服自己。
就两个字：麻烦！
我一年四季都在露营，而且频率很高。
或是带着露营装备去讲课。
算上工作的话，去露营的日子真不少。
把一些装备留在车里，尽量少来回搬东西。
虽然这样不太好
每次都要好好收拾燃气罐和刀具！
工作时为了应急，多带的椅子和装备常常放在车上。
已经变成货车了。
要卸下的主要是『需要回家处理的装备』——
餐盘或潮湿的帐篷等，
照明和移动电源也需要带回去充电。
有人连篝火架都带回家洗。
我是真的做不到……
BBQ烤网倒是会洗

露营装备的收纳
我很想知道……
大家都是怎么收纳露营装备的？
与生活毫无关联，又体量巨大的装备
难道露营达人的家都很宽敞？
单人露营还好，家里所有人的装备怎么可能放得下？
收纳高手真的让人大开眼界。
朋友家自制了一个露营装备架。
DIY 的魔力！
我从家里原有的收纳区划分出了露营专区。
喜欢这套房的收纳空间。
之前用来收纳小家电
大致分为寝具类、帐篷类、照明类、桌椅类进行分区收纳。
小物件
帐篷类
保温箱
最琐碎的是厨具和餐具。
把小物件都装到大箱子里，收纳轻轻松松。
侧包可以放塑料袋之类的。
三层分格
收纳包
露营时不用全带走，挑选一部分即可。

一直在收纳，装备却不断增多。
混乱
独居人士还算好，
要是同住的人不理解露营的话，麻烦就大了……
抱歉，我还是不能接受。
家里都被露营装备挤满了。
当头一棒
变成只能和露营爱好者一起住了……
充满了对未来的担忧。
我最近一直优先考虑露营，在对日常生活用品的态度上都快成极简主义了。
啊，不过狂热爱好者的装备可能要多出一倍吧……
感觉很不妙……
无用的担忧
桌椅是户外专用，
没有床，直接用被子打地铺
厨具也都是露营用品。
在家里用LED灯
朋友来家里做客，我给他用量杯当盘子。
有点像手头不宽裕的学生？
听她这么说，我立马下决心搬家了。

把桌椅搬出家门很麻烦，现在一些装备直接放在家里使用，这下终于有一些像样的『家具』了。
来客人时可以马上添桌椅，这点倒是很方便。
但是家具还没买齐，现在家里还是极简风……
只买了床！
相反，在家里也能派上用场的装备是
厨具！
毫无疑问
量杯用来计量、装调料，或当作小碗来用（也会当作分餐盘）。
不会摔坏的材质，在家里用也毫无压力。
木质盘子和搪瓷餐具很可爱。
炖锅和煎锅尤其大显身手。
单人适合6英寸左右的锅
一些露营装备结实耐用，在家里也能派上用场。
这样可以稍微减轻收纳的压力。

单人露营与团体露营的区别

在开展单人露营讲座时，学生经常问："单人露营与团体露营有什么区别？"答案就是"完全不一样"。单人露营时，基本上大事小事都"自己决定"。去哪里、带什么，甚至当天要不要去，都是自己作决定，不用顾及他人。如果今天不想出行，也可以直接取消行程（预约好露营地的情况另当别论）。

在露营地，做什么也是自由随性。可以什么都不做，只静静地读书；可以开车去兜风；可以对着篝火发呆，打发时间……与自然独处的时间很宝贵，也很神圣。本来只是一个人独处，回过神来发现想对他人倾诉，这种感觉非常有意思。

团体露营时，大家共享时间与空间。就算是单人露营的集合（大家一起单人露营），也需要最低限度的交流，比一个人在户外更有安全感。而且大家围坐在篝火旁边闲聊边分享美食，真的很愉快。露营可以缩短心灵的距离，所以如果想更亲近，邀请他（她）去露营是个不错的选择。如果和相处不太融洽的人一起去露营，也许能意外发现他（她）的另一面，从而变成好朋友……

总而言之，单人露营和团体露营完全不一样。和大家分享自然和体验是不错的选择，一些感动和思考却只能自己一个人在心里拾取。有机会的话，两种都可以试试，露营的思路拓宽了，会很开心的。

单人露营，自然和装备与自己相伴。

一起聊着与平时不同的话题——从无聊的小事到认真思考的人生哲理，共享时间与空间。

装备维护很重要

要怎么维护露营装备呀？
不能偷懒吗？
潮湿的帐篷不能放着不管，要好好晾晒。除了这些日常维护，长时间不去露营，装备也会老化。
露营淡季到来前，做一次保养维护吧！
满满当当的装备
帐篷和天幕的维护
装备有共通点——
潮湿和污渍是大忌
湿气
污渍
呼——
帐篷
露营淡季到来前，认真阴干装备，擦拭污渍，收纳时避免受潮。
锃亮——
明年再见
如果讨厌脏兮兮的装备，可以用中性清洗剂清洗，用布料擦拭去除污渍。
帐篷上有猫咪的排泄物，还是得洗一下。
在浴缸里洗洗
帐篷的防水性变差时，最好涂上防水涂料。
涂两层，防水就没问题了。

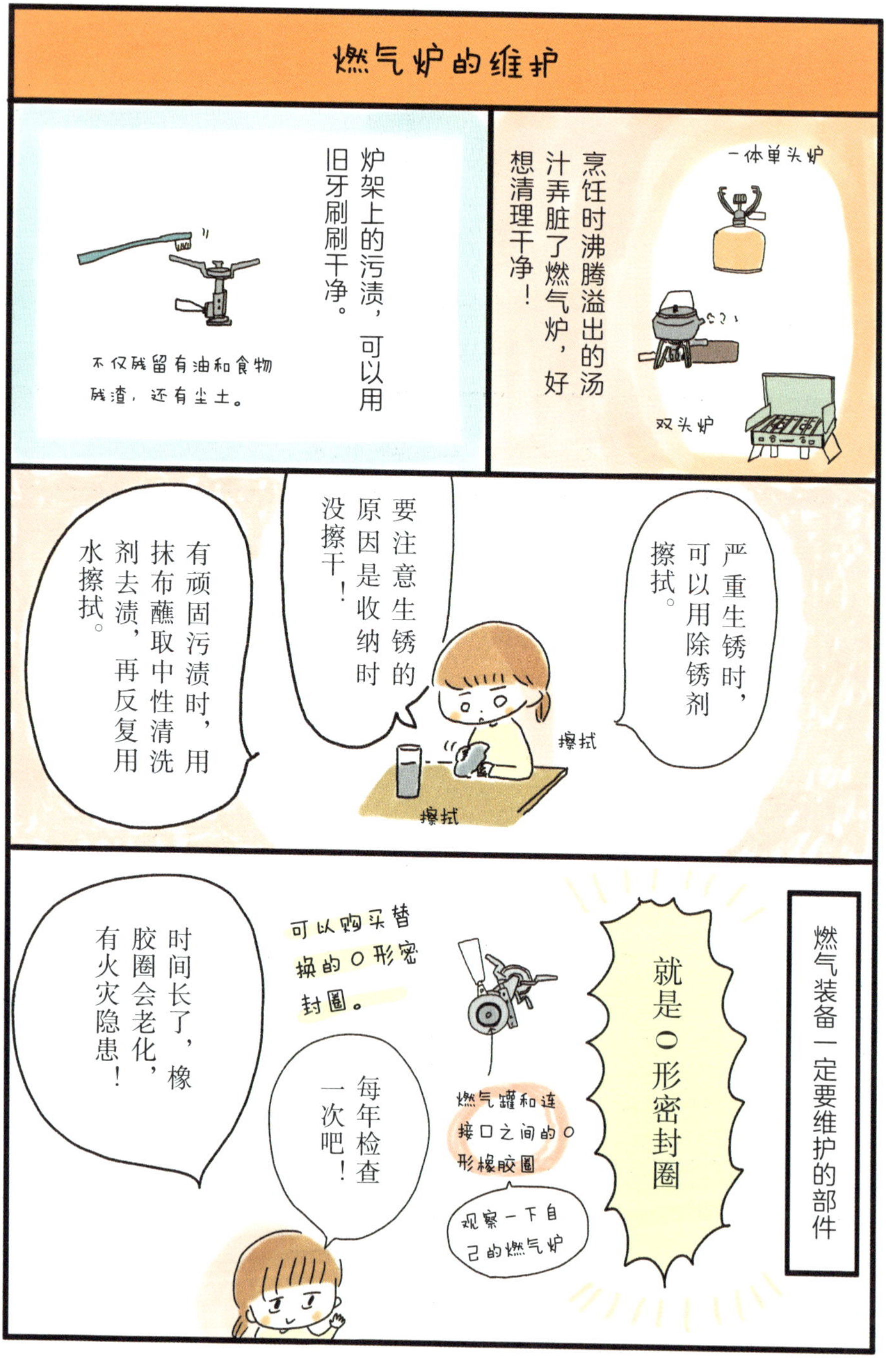
燃气炉的维护
烹饪时沸腾溢出的汤汁弄脏了燃气炉，好想清理干净！
一体单头炉
双头炉
炉架上的污渍，可以用旧牙刷刷干净。
不仅残留有油和食物残渣，还有尘土。
严重生锈时，可以用除锈剂擦拭。
擦拭
要注意生锈的原因是收纳时没擦干！
擦拭
有顽固污渍时，用抹布蘸取中性清洗剂去渍，再反复用水擦拭。
燃气装备一定要维护的部件
就是O形密封圈
燃气罐和连接口之间的O形橡胶圈
观察一下自己的燃气炉
可以购买替换的O形密封圈。
每年检查一次吧！
时间长了，橡胶圈会老化，有火灾隐患！

LED灯的维护
有一次拿出了好久不用的手提灯，发现不亮了，想换电池时发现……
生锈！
电池漏液，结了白色结晶。
生锈导致了故障！
平时的防灾用品也得注意这个问题。
灯具里放的干电池，长时间不管的话可能会漏液。
把电池取出来吧！
保温箱的维护
用来存放食物，所以要尽量保持干净！
保温箱
保温包
清洗没啥讲究，可以在浴缸里冲干净之后晾干。
用淋浴头冲水
箱子要整体清洗
也可以喷上除菌喷雾后，用抹布擦拭。
喷——
中间的内胆如果能翻出来会更好清洁。
边角凹槽有污垢的话，可以用刷子清洁。
凹凸不平的缝隙
外出露营超过一周，东西变得臭臭的，怎么办？
长时间旅行时，把装备的内胆翻出来晾晒一下吧。
呜呜
臭烘烘

睡袋的维护
不用的时候，用大一点的袋子收纳，放在不易受潮之处。
平时
收纳
尽量不要挤压
总觉得脏脏的……
已经一整年没洗了……
睡袋可以整个洗涤（羽绒制品需要专用的清洗剂）。
专用清洗剂对蛋白质的损伤较小。
大致流程
具体可以询问厂商或专卖店。
温水浸泡
用浴缸更方便
清洁和漂洗
认真踩一踩，漂洗也别马虎
脱水
干燥
脱水时不要拧干，从上往下挤压出水分。
流出的水分用毛巾吸干。
用烘干机低温烘干
之后在阴凉处晾干（一周左右）。
放进烘干机之前，喷一下防水喷雾效果会更好。
要做完所有维护真的不容易，但是在不去露营的休息日，抽空保养装备们，
也是露营的乐趣之一，会让人越来越沉迷露营！
啦啦啦
你今年也被熏得黑黢黢的呢。

露营带来的改变

十多年前，露营就成为了我生活的一部分。
今年要去北方！
东北的秋天也不错。
工作时脑子里天马行空……
开始露营之前，我这个『宅女』从没试过独自旅行，甚至没怎么跟朋友出去旅游过。
旅行计划
我
不知道去哪儿好
嗯——
朋友
别看我以前那样，现在可是跑遍全国去露营。
变身户外达人了！
但是，也付出了代价。之前特别沉迷玩 RPG 游戏，结果现在突然不会玩了，真的很奇怪。
突然不会玩了……
操作倒是没忘……
也许是年纪的原因……
不过露营的旅途，对我来说就是现实版的 RPG 游戏。
蘑菇好大个儿！
这家伙买了蘑菇！
哇
蘑菇
小小冒险
通过露营，还多了不少兴趣爱好。想做的事、想去的地方多到数不清，人生充满了乐趣。
皮划艇
呼——
登山
观野鸟
泡温泉
海外旅行
芬兰桑拿

注：RRG 游戏，即角色扮演游戏（Role-playing game）。

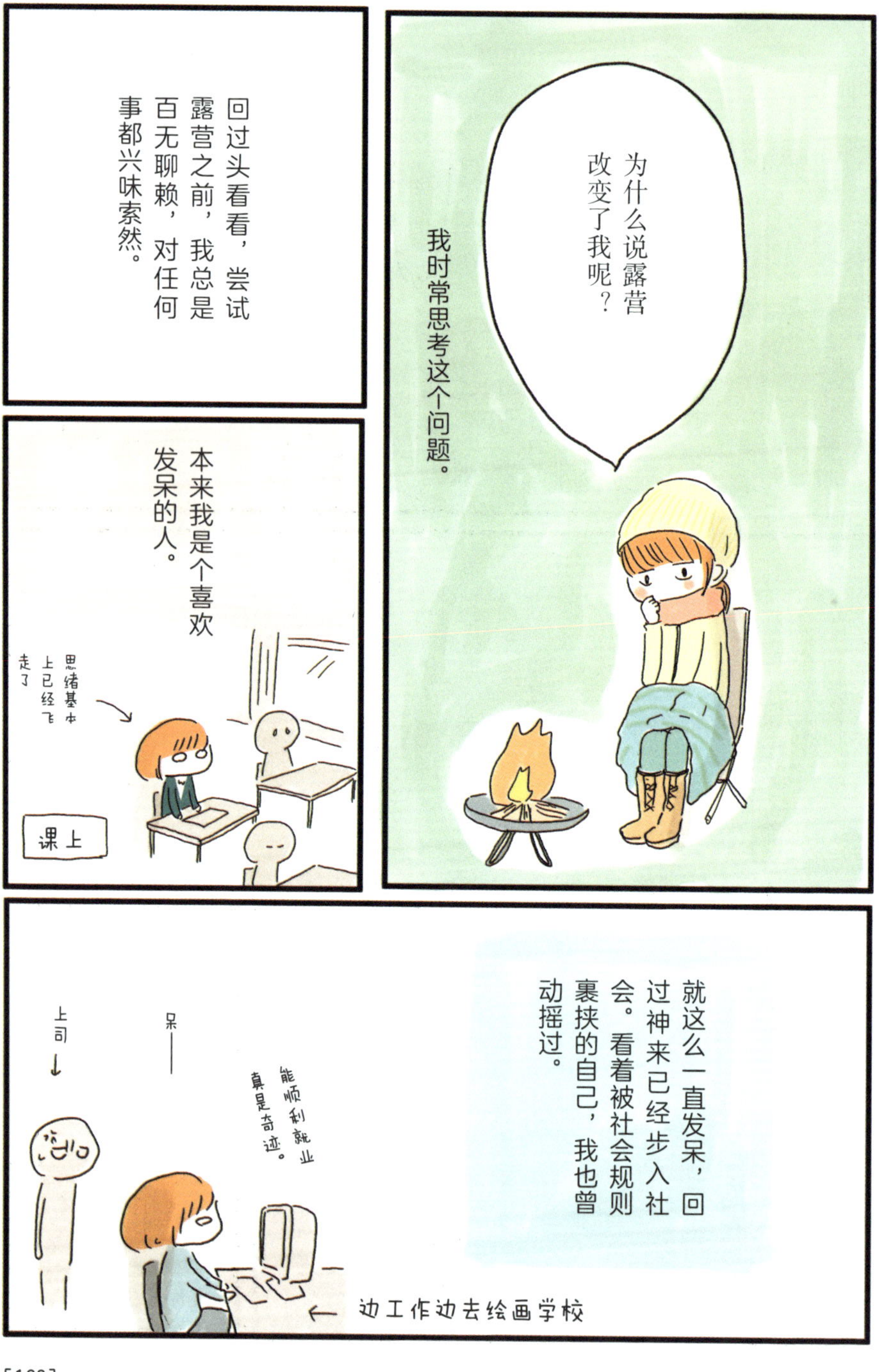
为什么说露营改变了我呢？
我时常思考这个问题。
回过头看看，尝试露营之前，我总是百无聊赖，对任何事都兴味索然。
本来我是个喜欢发呆的人。
思绪基本上已经飞走了
课上
就这么一直发呆，回过神来已经步入社会。看着被社会规则裹挟的自己，我也曾动摇过。
能顺利就业真是奇迹。
呆——
上司
边工作边去绘画学校

那时我常常跑到一个地方——位于居住城市一角的开阔河堤。
只是散散步，铺块垫子一个人野餐。
视野开阔，让人觉得逃离了城市的包围。
看着西沉的太阳，心里的阴霾一扫而空。那种轻松的感觉让我记忆犹新。
果然，还是露营更胜一筹。
露营初体验，就看到了满天的流星。
第一次单人露营时，被冻得瑟瑟发抖，一夜无眠。
帐篷上都结冰了！
还有一次风超大，感觉像一百头牛冲过来一样。
咚咚咚咚咚咚
好可怕——
也遇到过突降暴雨，帐篷浮在水面上。
帐篷下面突然变成河了！

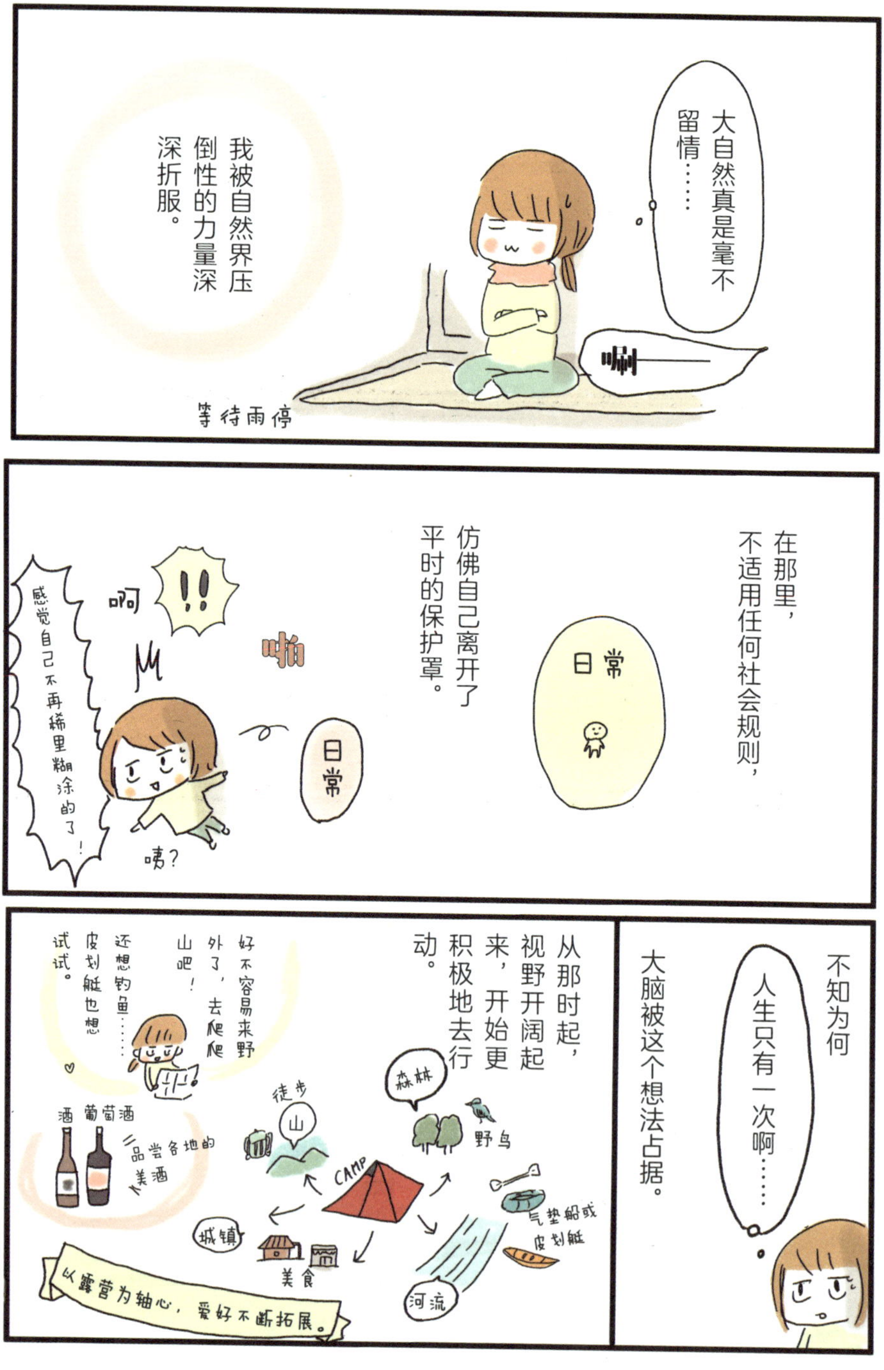
大自然真是毫不留情……
唰
等待雨停
我被自然界压倒性的力量深深折服。
在那里，不适用任何社会规则，
日常
仿佛自己离开了平时的保护罩。
日常
啪
啊
!!
感觉自己不再稀里糊涂的了！
咦？
不知为何
人生只有一次啊……
大脑被这个想法占据。
从那时起，视野开阔起来，开始更积极地去行动。
好不容易来野外了，去爬爬山吧！
还想钓鱼……
皮划艇也想试试。
森林
野鸟
徒步
山
酒 葡萄酒
品尝各地的美酒
CAMP
城镇
美食
气垫船或皮划艇
河流
以露营为轴心，爱好不断拓展。

开始露营后还有一个巨大的改变，就是人际关系。
步入社会后，
交不到朋友……
有段时期一直在烦恼。
不想去社交
啊……
但是通过露营结识的人，现在都是相处十多年的老友了，这是为什么呢？
还会去对方家里玩……
我来玩啦！
欢迎——
露营时，可以不问年龄、职业、身份。
嗨！最近咋样？
在露营活动中经常遇到的人
啊，好久不见呀。
在社会中最看重的身份，露营时变得无关紧要。
那个人是做什么工作的啊？
不知道
大概是围坐篝火旁交流的作用。
一个人欣赏篝火很棒，大家一起分享篝火也不错。
一起看着篝火摇曳，有一搭没一搭地闲聊。大家都不自觉地说出心声，所以才能和产生共鸣的伙伴长久交往。
闲聊
闲谈
……
……
闲聊的内容也可以是很无趣的。

露营是个归零键

我们的日常生活十分便捷，充斥着大量的物品和娱乐，生活非常充实。
有时——
对我来说，什么才是最重要的？
啊？
你是不是偶尔也会想弄清楚这个问题？
这时就带着有限的装备，置身自然，也许能意外找到答案。
要活下去的话，只需要这点最低限度的东西啊。
今天的露营装备
带着简易的装备在户外生存，可能会感到害怕，但这是了解『全新的自己』的好机会，也可以让生活『归零』。
瑟瑟发抖
要是有熊怎么办？
如果有露营这个归零键，日复一日的生活也许会变得轻松一些。
我到底是谁？
咔嚓
好累……
摁开关吧！

呼——好冷。
某次露营
今天的荞麦面好好吃。
山泉水真好喝，实在是太棒了！
温泉也超赞！
今天的月亮好亮呀，都不需要照明！
不需要照明
好亮的月亮！
地球真的好厉害啊！
哇
……好了，睡觉吧。
嘎吱嘎吱
幸好提前放了热水袋。
暖洋洋
呼——睡袋里好舒服！好暖和！好幸福！
露营就是吃了睡，睡了吃，活着就行！Simple is best（简单的就是最好的）！

翻身
安静
啾——
喳喳喳
寂静中聆听大自然的声音。
感觉我也和自然融为一体了。
嗯！简单的就是最好的。

后记

有多少人在露营中改变了自己？

至少我是其中一员。

回想步入社会的第二个春天，走在商业街上，看到一棵盛放的樱花树，我自言自语道："唉，我连四季都体味不到，真是过得浑浑噩噩。"对生活感到失望，身心俱疲。我所缺少的，毫无疑问就是自然。虽然我一直都很"宅"，不过从学生时代开始，我就喜欢在河堤上散步，喜欢对着天空发呆。

钢筋混凝土的森林里，没有一丝绿色。透过大楼的窗玻璃，只能看到另外一栋楼的窗玻璃。每天看着这样的风景，回到家中筋疲力尽，只想窝在房间里画画。

这时，我经历了本书开头讲述的那个生活小插曲。我还记得白天被太阳晒得够呛，夜里又冻得瑟瑟发抖，篝火很暖，流星很美……在无情的大自然中，慌慌张张地第一次露营。

但是，很开心。

是露营，让刚刚变成大人模样的我焕然一新。

从那之后，露营成了我生活的一部分。“露营拯救了我，也许还可以拯救其他人”，抱着这种心态，我开始了以露营为中心的事业。

露营是让自己置身自然的手段之一，谁都可以轻松做到，沉迷之后还会发现其中还有很多奥秘静待探索。为了让更多人了解露营的乐趣，我一直梦想着能把露营画进漫画随笔里。

感谢日本角川出版社的编辑加藤先生帮我实现了这个梦想。在积累了各种露营经验后，这本漫画诞生了。一路上也有很多人给予我帮助，限于篇幅无法一一写进书中，但真的非常感谢。

最后，衷心感谢捧起这本书的读者，希望至少有一个画面能给你带来一些灵感和愉悦，让你的心灵更充实。

图书在版编目（CIP）数据

小白去露营 / (日) 小石有华著 ; 张璐译. -- 海口:
南海出版公司, 2024.4

ISBN 978-7-5735-0865-2

Ⅰ. ①小… Ⅱ. ①小… ②张… Ⅲ. ①野营(军事体育)—基本知识 Ⅳ. ①G873

中国国家版本馆CIP数据核字(2024)第072903号

著作权合同登记号 图字：30-2024-024

XIAOBAI QU LUYING
小白去露营

策划制作：北京书锦缘咨询有限公司
总 策 划：陈　庆
策　　划：姚　兰

著　　者：［日］小石有华
译　　者：张　璐
责任编辑：张　媛
排版设计：柯秀翠
出版发行：南海出版公司 电话：（0898）66568511（出版）（0898）65350227（发行）
社　　址：海南省海口市海秀中路51号星华大厦五楼 邮编：570206
电子信箱：nhpublishing@163.com
经　　销：新华书店
印　　刷：昌昊伟业（天津）文化传媒有限公司
开　　本：889毫米×1194毫米 1/32
印　　张：5.5
字　　数：205千
版　　次：2024年4月第1版 2024年4月第1次印刷
书　　号：ISBN 978-7-5735-0865-2
定　　价：59.80元